AF345909

# वृक्ष लगायें :
# ग्रहों को अपने अनुकूल बनायें


लेखक:

•विजयपाल बघेल   •दिनेश वर्मा   •विनय कंसल

गुल्लीबाबा पब्लिशिंग हाउस प्रा. लि.

आई.एस.ओ. 9001 एवं आई.एस.ओ. 14001 प्रमाणित कं.

दिल्ली-त्रिनगर एवं दिल्ली-दरियागंज से प्रकाशित

## प्रकाशक

गुल्लीबाबा पब्लिशिंग हाउस (प्रा.) लिमिटेड,
**पंजीकृत कार्यालय:** 2525/193, प्रथम तल, ओंकार नगर-ए त्रिनगर,
दिल्ली-110035, (कन्हैया नगर मेट्रो से ओल्ड बस स्टैंड की तरफ)
दूरभाष: 09350849407, 09312235086
**शाखा कार्यालय:** 1A/2A, 20, हरि सदन, अंसारी रोड, दरियागंज,
नई दिल्ली-110002, दूरभाष: 23289034
के साथ विश्वसनीय व्यवस्था के अंतर्गत प्रकाशित

**पहला संस्करण :** 2016

**ISBN :** 978-93-85533-23-5


## सर्वाधिकार सुरक्षित

इस पुस्तक में व्यक्त विचार एवं मंतव्य लेखकों के हैं और इसमें वर्णित लेखों, तथ्यों और कथोपकथनों एवं इस्तेमाल किए गए स्रोतों की प्रामाणिकता के लिए लेखक स्वयं जिम्मेदार हैं तथा इस पुस्तक के सर्वाधिकार (कॉपीराइट) एक मात्र प्रकाशक के पास हैं, इस पुस्तक में प्रयोग किए गए चित्रों तथा उनके प्रयोग हेतु प्राप्त की गई अनुमति के लिए लेखक उत्तरदायी हैं। प्रकाशक किसी भी रूप में इसके लिए उत्तरदायी नहीं होगा।

प्रकाशक और लेखक की लिखित अनुमति के बिना इस पुस्तक को पूरी तरह अथवा आंशिक तौर पर या किसी भी अंश की छायाप्रति, रिकॉर्डिंग अथवा इलेक्ट्रॉनिक अथवा ज्ञान के किसी भी संग्रह या पुनः प्रयोग की किसी भी प्रणाली द्वारा प्रेषित, प्रस्तुत अथवा पुनरुत्पादित न किया जाए।

यद्यपि यह पुस्तक जन-कल्याण, पर्यावरण सुरक्षा एवं ग्रहों के साथ मानव-जीवन के संबंधों को ध्यान में रखते हुए 'सर्वजन हिताय' की भावना से प्रस्तुत की जा रही है, तथापि परिस्थितिजन्य किसी भी घटना के लिए लेखक व प्रकाशक जिम्मेदार नहीं होंगे। अपनी इच्छानुसार आप किसी ज्योतिषी की सलाह भी ले सकते हैं।

**टाइपसेट और आवरण सज्जा :** गुल्लीबाबा पब्लिशिंग हाउस प्राइवेट लिमिटेड, नई दिल्ली
**मुद्रण :** भारत ऑफसेट वर्क्स, दिल्ली

# आभार

मैं बचपन से ही जल, जंगल तथा जीव-सुरक्षा के प्रति संवेदनशील रहा हूँ। अपने बचपन में एक बार लकड़हारों को वृक्ष काटते हुए देखकर मुझे उस समय बहुत हैरानी हुई जब मैंने वृक्षों के कटने के स्थान पर तरल पदार्थ बहते हुए देखा। मैंने वृक्षों की उस वेदना को अपने हृदय में महसूस किया और उसी समय से पर्यावरण (जल, जंगल तथा जीवन) की सुरक्षा को अपने जीवन का लक्ष्य बना लिया। जीवन के कार्य-क्षेत्र में मान-सम्मान एवं उपाधियाँ तो मानव-मन के उद्गारों के रूप में प्राप्त होती ही रहतीं हैं, किंतु इस पुस्तक के माध्यम से आप लोगों तक अपने विचार पहुँचाने का जो अवसर प्राप्त हुआ है, उसके लिए मैं श्री दिनेश वर्मा, श्री विनय कंसल एवं उन सभी महानुभावों का आभारी हूँ जिन्होंने अपना भरपूर सहयोग दिया है।

विजयपाल बघेल

मैं अपने मित्रों, श्रीमान सागर, मधुसूदन, ललित, राहुल, गीता, खैलेन्दर, अपूर्व, गुरसिमरन, राजू, फैज़ल, राबिया, तुषार, हिमांशु, डॉ. गोनल, पंकज, आचार्य प्रदीप एवं मेरी धर्मपत्नी अनीता, परमादरणीय पिताजी श्री महेशचन्द, माताजी विमला देवी का हृदय से आभारी हूँ, जो कि जीवन के मुश्किल क्षणों में मेरे साथ खड़े रहकर मुझे साहस प्रदान करते हैं तथा आगे बढ़ने के लिए प्रोत्साहित करते हैं। इन सभी के अथक प्रयासों के परिणामस्वरूप मैं यह पुस्तक आप तक पहुँचाने में सफल हो सका हूँ।

दिनेश वर्मा

इस पुस्तक के लेखन एवं प्रकाशन के लिए मैं श्री विजयपाल बघेल, श्री दिनेश वर्मा एवं उन सभी विद्वज्जनों का आभारी हूँ जिन्होंने इस कार्य में अपने गहन परिश्रम एवं ज्ञान का सहयोग प्रदान किया है।

विनय कंसल

इस पुस्तक के प्रकाशन में **गुल्लीबाबा पब्लिशिंग हाउस, प्रा. लि., त्रिनगर, दिल्ली,** के समस्त सहकर्मियों का सराहनीय योगदान रहा है। उनके सहयोग के बिना इस पुस्तक के प्रकाशन की कल्पना भी नहीं की सकती थी। उनके इस सहयोग के लिए हम सभी बहुत आभारी हैं।

# शुभाशंसा

कभी समय था जब विश्व में अरण्य-संस्कृति का वर्चस्व था। अनाच्छादित प्रांतरों में अध्ययन-केंद्र स्थापित थे, जिन्हें गुरुकुल कहा जाता था। वहाँ ब्रह्मचर्य पालन के साथ-साथ वेद-वेदांग, उपनिषद् तथा अन्य आर्ष-ग्रंथों का पठन-पाठन होता था। कहने को तो यह भौतिकता से परे एक अलौकिक दुनिया थी, किंतु वहाँ धनुर्वेद तथा आयुर्वेद जैसे वैज्ञानिक ग्रंथ भी श्रुतियों के साथ जुड़े थे। वेद का अर्थ ज्ञान होता है तथा ऋग्वेद विश्व की सबसे पहली रचना मानी जाती है जिसे अपौरुषेय कहें अथवा अरण्य-संस्कृति में उपजा अद्भुत ज्ञान। पर ज्ञान तो ज्ञान है जो यदि थोड़ी-बहुत भक्ति और श्रद्धा-सुगंध को समाहित कर ले, तो फिर ज्ञान में सरसता आ जाती है। जो जीवन को समरसता के पथ पर अग्रसर करती है।

अरण्य-संस्कृति पर मेरा उक्त वक्तव्य मेरी पुस्तक 'भारतीय संस्कृति-देश-विदेश में' के अंतर्गत प्रकाशित हुआ है। वास्तव में 'ग्रीनमैन' श्री विजयपाल बघेल न केवल पर्यावरण सुरक्षा के लिए प्रतिबद्ध हैं, बल्कि वनों और पर्वतों के आदिवासी व अन्य सभी समुदाय उन्हें आत्मीयजन लगते हैं। प्रस्तुत पुस्तक में उन्होंने एक नए क्षेत्र को अपने लेखन का विषय बनाया है और वह है भारतीय वाङ्मय का अद्भुत साहित्य 'ज्योतिष शास्त्र' जिसके आधार पर उन्होंने ग्रहों तथा खगोल विज्ञान को वृक्षारोपण का अंग बनाया है। निश्चय ही वे हरित ऋषि के रूप में देश-विदेश में और अधिक यशस्वी बनेंगे। उन्होंने अब तक इस क्षेत्र में अद्भुत सफलता प्राप्त की है तथा अनेक पुरस्कार प्राप्त किए हैं।

मेरी हार्दिक शुभकामनाएँ

**लेखक**

डॉ. श्याम सिंह शशि

पी.एच.डी., डी. लिट्

हिंदी-अंग्रेजी में पद्मश्री (1990)

से सम्मानित नृवैज्ञानिक- साहित्यकार

# दो शब्द

सृष्टि की रचना के प्रत्येक अवयव का आभामंडल अलग-अलग होता है, सकारात्मक और नकारात्मक दोनों ही प्रभाव सूक्ष्म संसार को संचालित करते हैं। ग्रह, नक्षत्र तथा राशि इत्यादि हमारे ब्रह्मांड की संरचना में विशेष तत्त्व का कार्य करते हैं, इन्हीं के प्रभाव एवं दुष्प्रभाव से भौगोलिक घटनाएँ घटित होती हैं। वृक्षों की  आभा भी आकाशगंगा को प्रभावित करती है और ग्रह तथा नक्षत्रों को अनुकूलता प्रदान करने में विशेष योगदान देती है, जिसके विषय में जानने के लिए पूर्व में कोई लेखन-कार्य नहीं हुआ, जो कि वनस्पतियों का ग्रह-नक्षत्रों के साथ अटूट संबंध प्रकट करने वाले ज्ञान को रहस्यमयी बनाने की स्थिति में लाकर होता है। ग्रह, नक्षत्र तथा राशि आदि के कुप्रभावों के निदान के लिए सबसे असरदार उपाय पौधारोपण को अमल में लाने के लिए सरल भाषा और वैज्ञानिक विश्लेषणों के साथ साहित्य प्रस्तुत करने के लिए अत्यंत उपयोगी पुस्तक की आवश्यकता को ध्यान में रखकर किए गए पहले प्रयास की 'वृक्ष लगाएँ: ग्रहों को अपने अनुकूल बनाएँ' नामक इस पुस्तक की कृति लोक कल्याणकारी साबित होगी।

वृक्षों के आध्यात्मिक महत्त्व को वैज्ञानिक बनाकर भौतिक संसार के दैहिक, दैविक तथा भौतिक संतापों का निराकरण सुगम तरीके से करने वाली विधियाँ ही इस ग्रंथ की आत्मा हैं। हमारी प्राचीन परंपराओं द्वारा पौधारोपण की अनिवार्यता वाले रहस्यों को उजागर करने वाली सभी जानकारियाँ इस रचना में समाहित की गई हैं। शायद यह हमारी और प्रकाशक की पहली पहल है, जो सामान्य पाठक तक प्रकृति के गूढ़ रहस्यों का पटाक्षेप करेगी। इस पुस्तक के पाठकों की जिज्ञासा को संतृप्त करने का पूरा-पूरा प्रयास किया गया है। बहुत से सवालों के माध्यम से पाठक के अंतर्मन को वृक्षों के साथ आत्मिक संबंध स्थापित करने के लिए मजबूर किया गया है। यह पुस्तक बहुउद्देश्यीय है, जो पौधारोपण द्वारा पर्यावरण संरक्षण का उद्देश्य तो पूरा करेगी ही, साथ ही भौतिक जीवन के लिए कष्ट निवारक भी बनेगी और लोक-कल्याण भी करेगी।

मैंने अपने सामाजिक जीवन के लंबे अनुभव को वृक्षों के साथ व्यापक रूप देने के लिए सभी आयाम स्थापित करने की कोशिश की है। सह-लेखक श्री दिनेश वर्मा व श्री विनय कंसल ने अपने विचार और ज्ञान को समाहित कर इस

पुस्तक को संपूर्णता प्रदान की है। विषयवस्तु को छोटी सी पुस्तिका में समाविष्ट करके हर पहलू पर विशेष ध्यान देकर गागर में सागर भरने का सार्थक प्रयास **गुल्लीबाबा पब्लिकेशन** के योगदान से संभव हो सका है। इस पुस्तक की लेखन-यात्रा में कई पर्यावरणवादी सहयोगियों की भूमिका भी सराहनीय रही है जिसमें श्री चन्द्रमोहन त्यागी द्वारा विषयवस्तु संकलन कार्य तथा परमार्थ निकेतन ऋषिकेश के परमहंस व परमपूज्य स्वामी चिदानन्द सरस्वती "मुनि जी" महाराज के शुभाशीर्वाद ने दिव्यता देकर लेखन-कार्य पूर्ण करने की प्रेरणा प्रदान की है।

ग्रह-नक्षत्रों के साथ वृक्षों के आध्यात्मिक महत्त्व को जानने व समझने में यह पुस्तक अनुकरणीय योगदान देगी, ऐसी आशा है। यह पुस्तक पाठकों के ज्ञानवर्धन के साथ-साथ उन्हें प्रकृति-रक्षा के व्यावहारिक कार्य के लिए प्रेरित करने में अवश्य सहायक होगी। लेखन-कार्य में कोई त्रुटि न रहे इसका लेखक और प्रकाशक की तरफ से पूरा प्रयास किया गया है। फिर भी कोई तथ्य या विचार रखने में यदि त्रुटि रह गई हो, तो सुधार के लिए पाठकों से आग्रह है कि अवश्य ही अवगत कराएँ। पुस्तक से संबंधित अपने सुझाव और विचार भेजेंगे तो लेखकगण व प्रकाशक पर उपकार होगा।

सहृदय हरित आभार।

**विजयपाल बघेल**

यह पुस्तक न केवल भिन्न-भिन्न राशियों के आधार पर वृक्ष संबंधी ज्ञान प्रदान करती है, अपितु जन-कल्याण की दृष्टि से मानव-जीवन को सुखमय बनाने के लिए कारगर उपाय भी दर्शाती है। इस पुस्तक के माध्यम से मेरा यह भरसक प्रयास रहा है कि लोगों में पर्यावरण-सुरक्षा के प्रति जागरूकता पैदा हो तथा वृक्षों के रोपण के द्वारा मनुष्यों को व्यक्तिगत लाभ के साथ-साथ सम्पूर्ण मनुष्य-जाति को लाभ प्राप्त हो।

आभार सहित आपका
**दिनेश वर्मा**
निदेशक, गुल्लीबाबा पब्लिशिंग हाउस
प्राइवेट लिमिटेड, नई दिल्ली

# राशि-वृक्ष लगाने वालों के निजी अनुभव

ग्लोबल वार्मिंग और क्लाइमेट चेंज की वैश्विक समस्या हम सब के सामने एक बड़ी चुनौती बन गई है जिसका मुकाबला पूरा विश्व कर रहा है, परंतु भारतीय संस्कृति में हर एक प्राकृतिक संसाधन को पूजनीय माना जाता है जिसमें वन-संपदा को तो प्रत्यक्ष भगवान के रूप में पूजा जाता है। हर घर में तुलसी, हर धार्मिक स्थल पर पीपल/वट/अशोक/ बिल्व/आँवला इत्यादि प्रजाति के वृक्ष पाए जाते हैं। सभी धर्मों और संप्रदायों में यदि कोई समानता है तो वो है वृक्षारोपण का कार्य। हरितऋषि श्री विजयपाल बघेल का इस कार्य में उल्लेखनीय योगदान है।

**डॉ. दिवाकर सुकुल**
(शिक्षाविद्), इंग्लैंड (यूके)

सृष्टि की रचना में प्रत्येक वनस्पति का अलग आध्यात्मिक महत्त्व है, सभी तरह के भौगोलिक घटनाक्रम में राशि का प्रभाव होता है, जो कि राशि-वृक्ष के माध्यम से ग्रह और नक्षत्रों को प्रभावित करता है। यह सुनकर पहिले तो मुझे भी अचंभा हुआ था, लेकिन जब हरितऋषि श्री बघेल जी ने संस्थान पर छाये संकटीय बादलों को हटाने का तरीका भी यही निकाला और मुख्यद्वार के दोनों तरफ दिव्यतरु 'कल्पवृक्ष' का रोपण वैदिक रीति के साथ कराया तो उससे सृजित सकारात्मक ऊर्जा ने अल्पकाल में ही सर्वमंगल किया।

**इ. एम. के. सेठ**
**(आई.टी.एस.)**
मुख्य महाप्रबंधक,
भारत संचार निगम लि.
गुवाहाटी (असम)

वैसे तो मेरा जीवन जंगलों में ही पेड़ पौधों के बीच बीता है, क्योंकि वन-विभाग की नौकरी में जंगलात की ही सेवा की है, परंतु धार्मिक ग्रंथों में जो वर्णन दिया है, वो कितना वैज्ञानिक है यह अनुभवों के आधार पर जाना है और बची हुई कसर ग्रीनमैन श्री बघेल जी ने विस्तृत जानकारी देकर पूरी कर दी। उन्होंने मेरे 60वें जन्मदिन और सेवानिवृत्ति के अवसर पर पवित्र वृक्ष का रोपण कराया तो मैंने यह जाना कि कितना आध्यात्मिक महत्त्व होता है इन वनस्पतियों में।

**सरदार जोगा सिंह**
(आईएफएस)
सेवानिवृत्त
वन अधिकारी,
यमुनानगर (हरियाणा)

एक पर्यावरण प्रेमी परिवार से मेरा संबंध है और धर्मपरायणता का अनुपालन वृक्ष-सेवा के माध्यम से हम सब मिलकर करते हैं। मेरे पतिदेव ने जब अपनी राशि के वृक्ष 'कदम्ब' को अपनी कंपनी के परिसर में रोपित करने हेतु मुझे भी बुलाया तो वहाँ मैंने पाया कि एक विशेष अनुष्ठान द्वारा पौधारोपण कराने के लिए पहले से ही हरितऋषि श्री विजयपाल बघेल मौजूद हैं, मेरे पति श्री सुधीर जनमेजा और मेरी राशि 'कुम्भ' ही है अतः हम दोनों ने मिलकर पूरे विधि-विधान से अपना राशि-वृक्ष लगाया। यह कार्य अत्यंत लोक कल्याणकारी साबित हो रहा है।

**सुश्री गुरी जनमेजा**
(पीडीजी)
लॉयन्स क्लब इंटरनेशनल,
मंडल-321सी, गाजियाबाद

दशरथ पर्वत पर केदार स्मृति वन में दिव्य प्रजाति के वृक्षों का रोपण कर अपार शकुन मिल रहा है जिसमें पूरी देवभूमि के अलावा अन्य क्षेत्रों के लोग भी अपनी-अपनी राशि के पेड़ लगा रहे हैं, ये प्रेरणा हरितऋषि पूज्यवर श्री विजयपाल बघेल जी के वृक्षमहत्तम् अपनाए जाने से सृजित हुई है। दैहिक, दैविक तथा भौतिक संतापों का निदान इन दिव्य वनस्पतियों में ही छिपा है, हमारे यहाँ तो अब हर तीर्थ स्थल पर प्रसाद के रूप में पौधा दिया जाने लगा है।

**श्री पवन कोटियाल**
(पुरोहित परिवार)
केदारनाथ मठ, (उत्तराखंड)

वर्ष-2001 में मैंने आत्मिक शांति के लिए हरितऋषि श्री बघेल जी की राय से अपनी राशि तुला का राशि-वृक्ष 'मौलश्री' रोपित किया, मनोकामना तो पूरी हुई ही साथ ही संकटमोचक बनकर जीवनदायिनी प्रकृति के साथ आत्मीय संबंध प्रगाढ़ किए हैं। पौधारोपण का सुफल निश्चित मिलता है यह मेरा प्रमाणित अनुभव है।

**श्री राकेश चंद्रा**
(आईएएस)
प्रशासनिक अधिकारी, लखनऊ
(सेवानिवृत्त)

हरितऋषि श्री विजयपाल बघेल एक दिन मेरे कार्यालय में आये जो कि हरित परिधान में थे, जिज्ञासावश वनस्पतियों के विषय में आध्यात्मिक जानकारी लेने की इच्छा हुई तो उनके प्रतिउत्तर में जो ज्ञान स्वरूपी उपाय मिला वो आत्मिक सुख और शांति के लिए अचूक साबित हुआ है। उनकी सलाह पर मैंने अपनी राशि का दिव्यवृक्ष अपने घर पर लगाया जिसके फलस्वरूप मुझे जो सुखद अनुभूति हो रही है उसका वर्णन करने वाले शब्द मेरे पास नहीं हैं।

**श्री रोमिल बनिया**
(आईपीएस)
पुलिस अधिकारी, दिल्ली

पेट, पेड़ और पर्यावरण एक-दूसरे पर आश्रित हैं, जो कि सांसारिक संरचना को भूमंडलीय चक्रों के माध्यम से संचालित करते हैं। यहाँ तक तो बात सभी की समझ में आती है, लेकिन इससे आगे जो रहस्यमय ज्ञान है, वो पेड़ पौधों से विकिरित सूक्ष्म 'औरा' के रूप में पूरे आभामंडल पर असरकारी होने का कारण बनता है और यही गूढ़ज्ञान तो सीधा 'शून्य' के साथ साक्षात्कार भी कराता है।

श्री कमल टावरी
(आईएएस, दिल्ली),
(सेवानिवृत्त)

गत वर्ष में अपने बेटे का 20वाँ जन्मदिन मनाने और सांसारिक कष्टों से छुटकारा पाने के लिए धार्मिक अनुष्ठान कराने की योजना बना रहा था, तो मेरे भाई ने सलाह दी कि क्यों न हरितऋषि से इस संबंध में विमर्श किया जाए। माननीय श्री विजयपाल बघेल जी ने कहा–पौधारोपण सारी व्याधियाँ एवं बाधाएँ दूर करने का सबसे सरल एवं प्रभावी उपाय है। हमने पूरे वैदिक रीति-रिवाज द्वारा दिव्य-वृक्ष रोपित कर जन्मोत्सव मनाया और उसके परिणामस्वरूप जो प्रतिफल मिला वो आत्मिक संतुष्टि, सुख, शांति तथा वैभव देने वाला और कष्ट निवारक भी सिद्ध हुआ है।

श्री सुधीर सिंह
(एयरइंडिया अधिकारी)
नई दिल्ली

वृक्षों की दिव्यता और आध्यात्मिकता को दक्षिण भारत में बड़ी आस्था के साथ जोड़ा जा रहा है, किसी भी शुभ अवसर पर शुभ-वृक्ष का रोपण करना हमारे क्षेत्र की मुख्य रीति या परंपरा में स्थापित करने की प्रेरणा हरितऋषि परमादरणीय श्री विजयपाल बघेल जी ने दी है, साथ ही मेरी 'कल्पवृक्ष' रोपित करने की एक तीव्र मनोकामना की पूर्ति कितनी सहजता और सादगी से हो गई ये सब दिव्य-वृक्ष के रोपण का ही प्रताप है।

श्री कार्तिकेयन
(उद्योगपति)
इरोड (तमिलनाडु)

श्री दिनेश वर्मा जी राष्ट्रपति भवन में भारत के राष्ट्रपति 'महामहिम श्री प्रणब मुखर्जी' को पर्यावरण के सौंदर्य के प्रतीक के रूप में गुलाब का पुष्प भेंट करते हुए।

गुल्लीबाबा पब्लिशिंग हाउस, प्रा.लि. के निदेशक एवं इस पुस्तक के लेखक 'श्री दिनेश वर्मा जी' काफी समय से पर्यावरण सचेतक समिति से जुड़े हुए हैं तथा व्यापक स्तर पर जन-समुदाय में पर्यावरण के प्रति जागरूकता फैलाने के लिए सतत प्रयत्नशील रहते हैं।

## पर्यावरणविद बघेल को मिला पर्यावरण विभूति सम्मान

अंतर्राष्ट्रीय स्तर पर पर्यावरण संरक्षण के क्षेत्र में योगदान पर ऋषिकेश में 'बीपी बघेल' को 'पर्यावरण विभूति' सम्मान से नवाजा गया। ग्रीनमैन बघेल को हरित महागुरु स्वामी चिदानंद सरस्वती महाराज ने गुरु दीक्षा देकर हरित ऋषि

की संज्ञा दी। इस मौके पर मौजूद छत्तीसगढ़ के मुख्यमंत्री डॉ. रमन सिंह ने कहा कि पर्यावरण रक्षा वर्तमान में एक चुनौती है। इस कार्य को बघेल बखूबी ईमानदारी से निभा रहे हैं। स्वामी चिदानंद सरस्वती ने कहा कि बघेल इस सम्मान के सच्चे हकदार हैं। वे निःस्वार्थ भाव से पर्यावरण संरक्षण में अपना उल्लेखनीय योगदान दे रहे हैं।

आज के समय में वृक्षारोपण संपूर्ण मानव-जाति के लिए सर्वाधिक पुण्यदायक एवं ग्रहों की शांति के लिए सबसे कारगर उपाय है। वृक्षारोपण के एक नहीं कई लाभ हैं जिनके बारे में पूरी जानकारी आप इस पुस्तक का अध्ययन करके प्राप्त कर सकते हैं।

स्थान का अभाव होने पर ऑफिस तथा घर संबंधी परिस्थितियों में सुधार करने के लिए आप अपने ऑफिस तथा घर के वातावरण के अनुकूल गमलों में लगाए जाने योग्य छोटे-छोटे पौधों का रोपण कर सकते हैं।

**नोटः** यदि आप राशि-वृक्ष ऑनलाइन खरीदना चाहते हैं तो हमारी वेबसाइट www.gullybaba.com पर जाकर अपनी राशि का पौधा खरीद सकते हैं।

किसी भी प्रकार की जानकारी प्राप्त करने के लिए info@gullybaba.com पर मेल करें।

# वृक्ष लगायें:
## ग्रहों को अपने अनुकूल बनायें

# ——— विषय सूची ———

यह चिन्ह ग्रहों, पौधों और इंसानों के बीच मौजूद अमिट रिश्तों या जुड़ाव का सूचक है। इसीलिए इसे प्रत्येक पाठ के प्रारंभ में प्रतीक स्वरूप दिया गया है।

# वन और जीवन

### मुझे क्या चाहिए?

खुशी और प्रेम,

इस धरती के लिए कुछ करने का संतोष, और आत्मिक आनंद

की अनुभूति।

### आपके जीवन में यह पुस्तक क्यों आयी?

दरअसल यह पुस्तक **'गुल्लीबाबा पब्लिशिंग हाउस'** के निदेशक श्री **दिनेश वर्मा जी** के प्रयासों का परिणाम है। समाज-कल्याण के कार्यक्रमों के साथ-साथ समाज में पर्यावरण संबंधी जागरूकता को बढ़ावा देने के लिए वे निरंतर प्रयासरत रहते हैं। प्रस्तुत पुस्तक भी उनके द्वारा किए जा रहे ऐसे ही प्रयासों का परिणाम है। पढ़िए उन्हीं के शब्दों में–

एक कारण है इसके पीछे। शायद आपके जीवन में जो आपके लिए सर्वश्रेष्ठ है, के मिलने का समय आ पहुँचा है। क्योंकि अक्सर हम अपनी जिंदगी में आगे बढ़ते रहते हैं, बढ़ते रहते हैं, हर कदम के साथ एक झूठी बुनियाद के महल सजाते हुए और हमारी सोच हमारे विचार भी इसमें अहम भूमिका निभाते हैं, पर हम अपने आने वाले कल को उस तरह नहीं जी सकते जैसे हमने बीते हुए कल में तय किया था, क्योंकि कल जो हमें सच लगा था, हो सकता है वो आज मौजूद ही ना हो और जो कल हमें महान लगा हो, आने वाले कल में वो एक खाक हो।

ईश्वर ने आपको इस धरती पर भेजा है, एक विशेष मकसद से। ईश्वर की

कोई भी रचना बे-मकसद या बे-इरादा नहीं होती। एक साधारण कर्म, एक साधारण शुरुआत, आपके द्वारा, जो देगा आपको एक चमत्कारी एहसास, और एक असाधारण सहयोग होगा पूरे विश्व के लिए आपके द्वारा, जी हाँ, क्योंकि हर एक चाहे वो अमीर हो या कितना भी गरीब क्यों ना हो, किसी न किसी कारण से तो वो है यहाँ, इस धरती पर। तो वो क्या है जो सबसे महत्त्वपूर्ण है आप के समय में, समय-समय पर इस धरती पर महापुरुष, धर्म संस्थापक आए और उन्होंने उस समय जो सामाजिक कमियाँ, बुराइयाँ महसूस कीं उसके आधार पर शिक्षाएँ दी। क्या आप जानते हैं आज कौन-सा वो उपाय है जिसे अपनाने से आप विपरीत ग्रहों तक की शांति कर सकते हैं और धरती पर आपके द्वारा किए गए शुभ कर्म की छाप सदा-सदा के लिए छोड़ सकते हैं। भला पेड़ लगाने से अच्छा कौन सा उपाय हो सकता है। हम आपको बताएँगे कि कौन-सा पेड़ कब लगाना है, किस राशि के लिए और किस परेशानी में। यकीनन इससे आपके जीवन में न केवल चमत्कारी परिवर्तन होगा, बल्कि आपकी जिंदगी ही बदल जाएगी।

जब से मैंने वृक्षारोपण का यह अभियान प्रारंभ किया है, हजारों लोगों से मेरी मुलाकात हुयी है और इस अभियान के दौरान हजारों लोग मेरे पास अपनी समस्याएँ और चुनौतियाँ लेकर आते रहे हैं। एक पर्यावरण संरक्षक के तौर पर मैंने अपना अभियान शुरू किया था। इसके साथ-साथ मैंने वृक्षों से होने वाले लाभों के बारे में जागरूकता फैलाने का काम भी लोगों के बीच शुरू कर दिया था। क्योंकि वृक्षों से ग्रहों की शांति, रोगों का निदान तथा भिन्न-भिन्न प्रकार की समस्याओं का समाधान किया जा सकता है, अतः लोग अपनी-अपनी समस्याएँ लेकर मेरे पास आते रहते हैं। एक दिन मेरे पास एक ऐसा व्यक्ति आया जिसका कहना था कि मेरी राशि पर ग्रहों का दुष्प्रभाव चल रहा है। ग्रहों की दशा शांत करने का कोई उपाय बताएँ। पहले तो मैंने उससे पूछा कि उसकी राशि क्या है? उसने बड़े ही चिंतित स्वर में बताया कि उसकी राशि 'कन्या' है। मैंने उससे यूँ ही पूछ लिया, "तुम ग्रहों को क्यों शांत करना चाहते हो?"

इस सवाल को सुनकर उसने मेरी ओर ऐसे देखा जैसे कि मैंने कोई बेतुका सवाल पूछ लिया हो। उसने जवाब दिया, "क्या हर आदमी खुशहाल जिंदगी नहीं जीना चाहता है?"

"हाँ", मैंने कहा, "लेकिन तुम किसलिए खुशहाल जिंदगी जीना चाहते हो?"

अब उसने उत्तर दिया, "मैं खुशहाल हो जाऊँगा, तो मेरा परिवार सुखी रहेगा, धन-दौलत सब कुछ होगा। मैं और अधिक पैसा कमा सकूँगा।"

उसके इस जवाब पर मैंने एक बार फिर प्रश्न किया, "तुम और पैसा क्यों कमाना चाहते हो?"

अब उसे भी इस 'क्यों' के खेल में आनंद आने लगा था। उसने आगे जवाब देते हुए कहा, "क्योंकि मैं अपने बच्चों को अच्छी शिक्षा देना चाहता हूँ।"

मैंने उससे पूछा कि आखिर वह अपने बच्चों को अच्छी शिक्षा क्यों देना चाहता है?

वह बोला, "क्योंकि मैं चाहता हूँ कि मेरे बच्चे अच्छी शिक्षा लें और आगे चलकर एक सफल जिंदगी बिताएँ।"

इस तरह मैं उसके हर जवाब पर 'क्यों' का सवाल लगाता जा रहा था। अंत में उसने जवाब दिया, "क्योंकि इस सबसे मुझे खुशी मिलेगी।"

उस दिन के बाद जो भी व्यक्ति मेरे पास अपनी समस्याएँ लेकर आता था, मैं उसके साथ यह खेल अवश्य खेलता था, बल्कि मैं तो हर उस व्यक्ति के साथ यह खेल खेलता था, जो भी अपने जीवन में कुछ पाने की इच्छा रखता था। आप भी इस खेल में शामिल हो सकते हैं। आप लोगों से ऐसे सवाल पूछ सकते हैं कि वे क्या चाहते हैं और क्यों चाहते हैं और तब तक पूछते रहें, जब तक उनकी तरफ से यह जवाब न मिल जाए कि वे यह सब खुशी पाने के लिए कर रहे हैं।

आज के मानव की समस्या भी यही है कि खुशी तो हर आदमी चाहता है, लेकिन खुशी का आधार क्या है, यह नहीं जानना चाहता है या यूँ कहें कि जानते हुए भी वह इस बात को सिरे से ही भुला चुका है। यहाँ हम इसी बात को व्यापक रूप से सबके सामने लाना चाहते हैं।

'वन' और 'जीवन' परस्पर एक दूसरे से जुड़े हुए हैं, अर्थात् वन हैं, तभी जीवन है। 'वन' के न होने पर 'जीवन' की कल्पना भी नहीं की जा सकती है। वैज्ञानिक आधार पर भी यदि गहराई से विचार किया जाए, तो हम यही पाते हैं कि जीवन के लिए जिन-जिन चीजों की जरूरत होती है, वे सब हमें केवल और केवल वनों से ही प्राप्त होतीं हैं। यह आदिकाल से ही सर्वथा सिद्ध तथ्य है कि जीवन-चर्या के लिए जरूरी भोजन, ईंधन, आवास, यहाँ तक कि

जल-वर्षण के लिए भी हम अर्थात् सभी जीव-धारी केवल और केवल वनों पर ही निर्भर रहते थे और हमेशा रहेंगे, तब हमें प्रत्येक वस्तु चाहे वह श्वास के लिए वायु हो या खाने के लिए फल, या कि पीने का पानी, सभी चीजें अपने शुद्ध रूप में तथा बिना कोई मूल्य दिए प्राप्त होती थीं।

यदि स्वास्थ्य की बात करें तो आज के मानव की तुलना में उस समय के मानव को महामानव कहा जाए तो अतिशयोक्ति नहीं होगी। आज का मनुष्य थोड़े से कष्टों से ही घबरा उठता है, और उस काल में राजकुमार होते हुए भी राम ने 14 वर्ष सर्दी, गर्मी और वर्षा के मौसम की कठोरता को सहन करते हुए, पथरीले तथा काँटों भरे रास्ते पर नंगे पैर चलते हुए बिताए और उसी स्थिति में दुष्ट राक्षसों का संहार भी किया। महाभारत के महानायकों को ही देखें। आज के प्रगतिशील युग में भी उनकी कोई बराबरी नहीं है। इन सभी का जीवन-काल प्रकृति के संसर्ग में ही बीता। आज मनुष्य ने कृत्रिम सुख-सुविधाओं के लिए उसी प्रकृति का विनाश कर डाला है, जिससे उसकी उत्पत्ति हुई है। अर्थात् वह पेड़ की उसी डाल को काट रहा है जिस पर वह बैठा है। परिणाम तो स्पष्ट ही है।

'संतुलन' एक ऐसा शब्द है जिसका बोल-चाल की भाषा में बहुत कम प्रयोग होता है, किंतु इसका प्रायोगिक महत्त्व जीवन में उतना ही अधिक है। 'असंतुलन' की स्थिति के दुष्परिणाम शुरुआत में तो पता नहीं चलते हैं, किंतु जब तक पता चलने की स्थिति आती है, तब तक बहुत देर हो जाती है। यही हुआ है हमारे साथ भी, इस पृथ्वी पर। प्रकृति ने इस पृथ्वी पर सुंदरता बिखेरी, फिर जीवन की उत्पत्ति हुई, प्रकृति ने उस जीवन का पोषण किया, तो इस रूप में प्रकृति हमारी 'माँ' के रूप में प्रतिष्ठित हो गई। जीवन-दायिनी 'माँ' के रूप में प्रकृति की गोद में किलकारियाँ मारता हुआ 'मानव' बड़ा हुआ, पुरुषार्थ से परिपूर्ण, बलिष्ठ शरीर का अधिकारी बनकर, क्योंकि उसके शरीर को पुष्ट करने में स्नेहमयी प्रकृति का संसर्ग जो था। मानव बहुत कृतज्ञ था, ऐसी स्नेहिल (प्रेममयी) माँ का पोषण एवं संरक्षण पाकर। मानव ने प्रकृति को देवी एवं उसके अंगभूत वृक्षों, अग्नि, जल, सूर्य, नदियों आदि को अन्य देवी-देवताओं का स्थान प्रदान किया और इनकी पूजा करने लगा, क्योंकि इनसे उसे जीवन के लिए आवश्यक प्रत्येक वस्तु प्राप्त होती थी। जब किसी वस्तु की आवश्यकता होती थी, देवी माँ (प्रकृति) के पास जाकर पूजा-अर्चना करके माँग लेता था, जो भी ज़रूरत होती थी। माँ भला क्यों मना करती? उसने ही तो रचा था यह सब कुछ। बहुत खुश

होती थी अपने बच्चों को हँसता-खेलता देखकर। जब ये बच्चे 'माँ' के रूप में उसकी पूजा-अर्चना करते थे तथा अपनी ज़रूरत की चीजों की माँग करते थे, तो उसे बहुत खुशी होती थी। बड़ी प्रसन्नता से उनकी माँग पूरी कर देती थी। 'मानव' ही क्या, पशु-पक्षी, कीट-पतंगे आदि सभी उसकी गोद में खेलते थे। उस काल की स्थिति का वर्णन करते हुए एक स्थान पर तुलसीदास जी ने लिखा भी है :

**लता-विटप माँगें मधु चुवहीं। मन-भावतो धेनु पय स्रवहीं।।**

अर्थात् लताएँ और वृक्ष माँगने पर शहद दे देते थे, तथा गायें आवश्यकतानुसार दूध देतीं थीं। धीरे-धीरे ज्ञान का विकास हुआ, माँ ने अपने बच्चों के लिए प्रगति और सुख-सुविधाओं के द्वार खोल दिए। फल-फूल, धन-धान्य, आवास आदि सभी कुछ तो दे दिया। मानवों की भाँति पशु-पक्षी, जीव-जंतु आदि सभी स्वस्थ और सुंदर होते थे। काम-काज करने में मानवों की भरपूर सहायता करते थे। शाम को जब काम से थककर घर लौटते थे, तो मनपसंद भोजन एवं स्नेहपूर्ण स्पर्श तथा कानों में मधुर वाणी की गूँज सारी थकान मिटा देती थी। अपने बच्चों को परिश्रम करते देखकर तथा आपस में प्रेम और भाई-चारे का बर्ताव देखकर प्रकृति रूपी 'देवी माँ' बहुत खुश होती थी तथा उनकी अपेक्षाओं से कहीं अधिक ही देती थी। सुख और संपन्नता के लिए उन्हें किसी से छल करने, कपट करने या किसी को धोखा देने की ज़रूरत नहीं पड़ती थी। और पड़ती भी क्यों? अपनी माँ पर उन्हें पूरा भरोसा जो था कि उन्हें जब भी किसी चीज़ की ज़रूरत पड़ेगी, वे अपनी माँ से माँग लेंगे और माँ उनकी ज़रूरत पूरी करेगी। और उनके बीच यह विश्वास, यह प्रेम और सम्मान युगों-युगों तक कायम रहा। पहले तो किसी को अत्यधिक धन इकट्ठा करने की ज़रूरत ही नहीं पड़ती थी, क्योंकि उस समय 'लालच' नाम की भावना का शायद जन्म ही नहीं हुआ था। उस समय के महापुरुषों के जिन नामों के बारे में पढ़ा और सुना जाता है, उनकी दानवीरता, भाई-भाई का प्रेम, सामाजिक न्यायप्रियता एवं आपसी सहयोग आदि जैसी कथाएँ तो सुनी जातीं हैं, किंतु धोखा-धड़ी और छल-कपट के बारे में कोई व्याख्यान नहीं मिलता। वनों में रहना, अध्ययन करने के लिए वन में स्थित आश्रमों में रहकर विद्याभ्यास करने की परंपराएँ हमें मानव और प्रकृति के अटूट संबंध का ज्ञान कराती हैं। आपसी प्रेम और सद्भावना के जो उदाहरण उस काल में देखने को मिलते थे, आज के समय में उन्हें ढूँढ़ने के लिए शायद 'भगीरथ-प्रयास'

करना पड़ेगा। आज मानव जिन परिस्थितियों का सामना कर रहा है, उनका इन सब बातों से बहुत गहरा संबंध है। प्रगति के मार्ग पर आगे बढ़ते हुए हमने जीवन के जिस पहलू की उपेक्षा की है, जिस सोच और भावना को नज़रअंदाज किया है, उसी का परिणाम है कि हमें अपना अस्तित्व बचाए रखने के लिए चिंता करनी पड़ रही है और इसका प्रमुख कारण है 'प्राकृतिक असंतुलन'। आज जीवन के लिए आवश्यक कोई भी वस्तु अपनी मूल स्थिति में उपलब्ध नहीं है। और तो और शरीर में जीवन का संचार करने वाली प्राण-वायु (ऑक्सीजन) भी हमें अपने शुद्ध रूप में प्राप्त नहीं हो पा रही है।

अब विचार करने वाली बात यह है कि आखिर ऐसी स्थिति उत्पन्न ही क्यों हुई? ऐसा क्या हो गया जो आज माँ के पास अपने बच्चों के जीवन के लिए आवश्यक कोई भी चीज शुद्ध रूप में उपलब्ध नहीं है।

आज हमें जिस स्थिति का सामना करना पड़ रहा है, अर्थात् मनुष्य जाति के अस्तित्व की रक्षा के लिए जो संघर्ष करना पड़ रहा है, उसका कारण स्पष्ट है। जिस धरती माँ ने, जिस प्रकृति ने अपने बच्चों की सारी जरूरतें पूरी कीं, जीवन को सुखी बनाने के लिए खुले हाथ से सब कुछ लुटाया ताकि सब आपस में प्रेम से रहें और इस पृथ्वी पर जीवन पोषित हो एवं फलता-फूलता रहे। उसी मानव ने थोड़ा सा ज्ञान प्राप्त होते ही सभ्यता के विकास के नाम पर अपनी सोच का विस्तार करना प्रारंभ कर दिया। सोच का विस्तार किया, वह तो अच्छा किया, क्योंकि ईश्वर ने मनुष्य को विचार करने की जो शक्ति प्रदान की है, उसका प्रयोग तो होना ही था। किंतु अपनी विचारधारा को जो दिशा दी, वह गलत थी। प्रकृति के पास इतना कुछ था और अभी भी है कि उसका प्रयोग यदि विवेक के साथ किया जाए, तो अनंत काल तक इसमें कभी कोई कमी नहीं आएगी। इसका एक छोटा सा उदाहरण ही स्पष्ट करने के लिए पर्याप्त है कि यदि हम किसी खजाने में से प्रतिदिन थोड़ा-थोड़ा लेते रहें, किंतु उसमें जमा कुछ न करें, तो एक दिन ऐसा आएगा कि वह बिल्कुल खाली हो जाएगा। यही किया है मनुष्य ने भी। उसने प्रकृति के खजाने में से एक बार जो निकालना शुरू किया, तो फिर रुकने का नाम नहीं लिया। जमा नहीं भी करता तो कोई बात नहीं थी, क्योंकि प्रकृति तो स्वतः ही होने वाली कमियों को पूरा करती रहती है। किंतु मनुष्य के मन में तो लालच का राक्षस समा चुका था। वह ज्यादा से ज्यादा अपने

भविष्य के लिए इकट्ठा कर लेना चाहता था। इसका परिणाम यह हुआ कि प्राकृतिक संसाधनों का अंधाधुंध दोहन शुरू हो गया, किंतु उसकी पुनः आपूर्ति की तरफ किसी ने विचार नहीं किया। शुरू-शुरू में तो कुछ भी एहसास नहीं हुआ, क्योंकि उस समय जो कुछ लिया जा रहा था वह समुद्र में से एक बूँद के जैसा था। किंतु बूँद-बूँद करके जिस प्रकार घड़ा भरता है, उसी प्रकार बूँद-बूँद करके खाली भी हो जाता है। आज की स्थिति खाली होने के जैसी दिखाई दे रही है। अतः हमें समय रहते सचेत होकर इस दिशा में प्रयास करने पड़ेंगे, अन्यथा हजारों साल में तैयार होने वाले जीवन के लिए आवश्यक प्राकृतिक संसाधन अतिशीघ्र उपलब्ध न हो सकेंगे। प्रकृति माँ के जिस खजाने को हमने अपने स्वार्थ और लालच की पूर्ति के लिए जिस तत्परता से खाली किया है, उसी तत्परता से उसे भरना भी पड़ेगा। हमें फिर से और बार-बार "प्रकृति देव्यै नमः" के मंत्र का न केवल 'जप (Chanting)' करना पड़ेगा, बल्कि तन, मन, धन से उस पर अमल करना पड़ेगा। केवल तभी हमें वात्सल्यमयी प्रकृति माँ का स्नेह और चिरस्थायी सुख प्राप्त हो सकेगा।

आज हम कष्ट की स्थिति आने पर या सुख-समृद्धि पाने के लिए ज्योतिषियों के द्वारा बताए जाने पर ग्रह-शांति के लिए उपाय करते हैं। हमें यह भी ध्यान रखना चाहिए कि ग्रह तथा नक्षत्र भी उसी प्रकृति का हिस्सा हैं, जिससे कि हम जुड़े हुए हैं। इस पृथ्वी पर मौजूद भिन्न-भिन्न प्रकार के वृक्षों का ग्रहों, नक्षत्रों तथा राशियों से निकट संबंध होता है। ये सभी आपस में एक-दूसरे को प्रभावित करते हैं।

ग्रह-नक्षत्रों के अनुसार भी वृक्षों का अपना-अपना महत्त्व होता है। ज्योतिष शास्त्र के अनुसार नक्षत्रों के आधार पर भिन्न-भिन्न वृक्ष होते हैं तथा उनका अपना-अपना प्रभाव होता है। आखिर क्या होते हैं ग्रह? कैसे इनका प्रभाव हमारे ऊपर पड़ता है? क्या हम इनके प्रतिकूल प्रभाव से बच सकते हैं? क्या खराब ग्रहों के साथ भी अच्छा जीवन जिया जा सकता है? मैंने तो बहुतों को तांत्रिकों, ज्योतिषियों/पंडितों के पास जाकर लुटते हुए, परेशान होते हुए ही देखा है। एक दिन एक व्यक्ति ने मुझसे पूछा "क्या आप बताएँगे कुछ? अपनी इन समस्याओं को बहुत कम लोग सुलझा पाते हैं।"

मैंने उसे बताया, "हाँ, क्योंकि हमारा जीवन ग्रह-नक्षत्रों से प्रभावित होता है और ग्रह-नक्षत्रों को अनुकूल बनाने के लिए उनसे संबंधित वृक्ष होते हैं। अतः

जिस ग्रह का प्रभाव अपने लिए प्रतिकूल हो उससे संबंधित वृक्ष का रोपण करना चाहिए। इससे निश्चित रूप से प्रतिकूल ग्रह की शांति होगी तथा सुख-समृद्धि प्राप्त होगी। इस काम को करने में बहुत ज्यादा खर्च भी नहीं आता है, इसलिए इसे, अमीर हो या गरीब, सभी कर सकते हैं। वृक्ष लगाने में अमीर-गरीब का कोई भेद-भाव नहीं होता है। ऐसा करके आप धरती पर समस्त प्राणी-जगत के लिए निरंतर चलने वाला योगदान कर सकते हैं। इस कार्य के करने से न केवल आपका जीवन सार्थक होगा, बल्कि जीवन के बाद भी वृक्षारोपण के रूप में आपके द्वारा किया गया यह कार्य इस धरती एवं इस धरती के लोगों के लिए सहयोग करता रहेगा। पौधे इतने महँगे भी नहीं हैं कि उन्हें लगाने के लिए किसी को बहुत अधिक सोचना पड़े, या एक पौधा खरीदने के बाद किसी की आर्थिक दशा पर कोई प्रभाव पड़ेगा। लेकिन एक भी पौधा लगाने के बाद उससे होने वाला लाभ संपूर्ण पर्यावरण को प्रभावित करेगा। अपने नक्षत्र का पेड़ लगाने से निश्चित रूप से आपके ग्रह आपके अनुकूल हो जाएँगे।"

वृक्ष लगाते समय प्रभु से प्रार्थना करें कि, "हे प्रभु! यह मेरे और मेरे परिवार के साथ-साथ संपर्क में आने वाले प्रत्येक जीव पर उपकार करे।"

आइये जानें कि कौन-सी राशि के लिए कौन-सा वृक्ष लगाना है। अगले पाठ में हम यह भी जानेंगे कि पौधा लगाते समय किस प्रार्थना को मन ही मन बोलना है।

नक्षत्रों तथा उनसे संबंधित वृक्षों का विवरण–

## नक्षत्र वाटिका
### (नक्षत्र वृक्षों का रोपण)

जिस तरह पृथ्वी के धरातल को भूगोलविद $36^0$ की अक्षांश रेखाओं में चिन्हित करते हैं, उसी तरह प्राचीन काल में धरती के ऊपर आकाश को 27 बराबर भागों में बाँटा गया है। जिसके हर एक भाग को एक नक्षत्र कहते हैं। इन नक्षत्रों की पहचान आसमान के तारों की स्थिति विन्यास से की जाती है। जिस तरह समुद्र में प्रवाहमान जहाज की स्थिति देशांतर रेखा में व्यक्त की जाती है, उसी तरह पृथ्वी के नजदीक के पिण्डों (ग्रहों) की भ्रमण स्थिति नक्षत्रों में व्यक्त की जाती है, भारतीय

मान्यता के सत्ताईस नक्षत्रों के नाम क्रम निम्न प्रकार हैं :

1. अश्विनी 2. भरणी 3. कृत्तिका 4. रोहिणी 5. मृगशिरा 6. आर्द्रा 7. पुनर्वसु 8. पुष्य 9. अश्लेषा 10. मघा 11. पूर्वाफाल्गुनी 12. उत्तराफाल्गुनी 13. हस्त 14. चित्रा 15. स्वाती 16. विशाखा 17. अनुराधा 18. ज्येष्ठा 19. मूल 20. पूर्वाषाढ़ा 21. उत्तरषाढ़ा 22. श्रवण 23. धनिष्ठा 24. शतभिषक् 25. पूर्वाभाद्रपद 26. उत्तर भाद्रपद 27. रेवती। इन नक्षत्रों के वृक्षों का नाम आयुर्वेदिक, पौराणिक, ज्योतिष व तांत्रिक ग्रंथों में मिलता है, इन ग्रंथों में यह वर्णन है कि अपने जन्म-नक्षत्र के वृक्ष की सेवा व वृद्धि करने से अपना कल्याण होता है और अपने जन्म नक्षत्र के वृक्ष को हानि या कष्ट पहुँचाने से अपनी हर प्रकार से बर्बादी होती है। विविध नक्षत्रों की वनस्पति की वैज्ञानिक पहचान यू.पी. फॉरेस्ट वेलफेयर ऑर्गेनाइजेशन लखनऊ द्वारा प्रकाशित पुस्तक 'नक्षत्र वाटिका' में दी गयी है। यहाँ **नक्षत्रों** *तथा उनसे संबंधित वृक्षों* की सूची दी जा रही है–

| क्र.सं. | नक्षत्र | पौराणिक वृक्ष | वैज्ञानिक नाम | सामान्य नाम |
|---|---|---|---|---|
| 1. | अश्विनी | कारस्कर | Strychnos nux-vomica | कुचिला |
| 2. | भरणी | धात्री | Phyllanthus emblica | आँवला |
| 3. | कृत्तिका | उदुम्बर | Ficus racemosa | गूलर |
| 4. | रोहिणी | जम्बू | Syzygium cuminii | जामुन |
| 5. | मृगशिरा | खदिर | Acacia catechu | खैर |
| 6. | आर्द्रा | कृष्ण | Dalbergia sissoo | शीशम |
| 7. | पुनर्वसु | वंश | Bamboo | बाँस |
| 8. | पुष्य | अश्वत्थ | Ficus religiosa | पीपल |
| 9. | अश्लेषा | नाग | Mesua nagassarium | नागकेसर |
| 10. | मघा | वट | Ficus benghalensis | बरगद |
| 11. | पू. फाल्गुनी | पलाश | Butea monosperma | ढाक |
| 12. | उ. फाल्गुनी | प्लक्ष | Ficus virens | पाकड़ |
| 13. | हस्त | अरिष्ट | Sapindus mukorrossi Gaertn | रीठा |
| 14. | चित्रा | बिल्व | Aegle marmelos | बेल |
| 15. | स्वाती | अर्जुन | Terminalia arjuna | अर्जुन |

| | | | | |
|---|---|---|---|---|
| 16. | विशाखा | विकंकत | Flacourtia indica | कँटाई |
| 17. | अनुराधा | बकुल | Mimusops elengi | मौलश्री |
| 18. | ज्येष्ठा | सरल | Pinus roxburghii Sarg | चीड़ |
| 19. | मूल | सर्ज | Shorea robusta | साल |
| 20. | पूर्वाषाढ़ा | वंजुल | Salix trtrasperma | जलवेतस |
| 21. | उत्तरषाढ़ा | पनस | Artocarpus heterophyllus | कटहल |
| 22. | श्रवण | अर्क | Calotropis procera | मदार |
| 23. | धनिष्ठा | शमी | Prosopis cineraria | छयोंकर |
| 24. | शतभिषक | कदम्ब | Anthocephalus chinensis | कदम्ब |
| 25. | पू. भाद्रपद | आम्र | Mangifera indica | आम |
| 26. | उ. भाद्रपद | निम्ब | Azadarichta indica | नीम |
| 27. | रेवती | मधूक | Madhuca indica | महुआ |

इन वृक्षों का रोपण एक वृत्त के रूप में वृत्त की परिधि को 27 बराबर भागों में बाँटकर निम्न प्रकार किया जा सकता है।

## नक्षत्र वाटिका :

हर वृक्ष के नक्षत्र का चित्र व उस नक्षत्र के स्वामी का नाम वृक्ष के नाम के साथ लिखकर प्रदर्शित किया जा सकता है।

नक्षत्रों के वृक्षों का संक्षिप्त परिचय निम्नानुसार है–

**1. कुचिला**–मध्यम ऊँचाई का वृक्ष जो मध्य भारत के वनों में पाया जाता है। इसके टिकियानुमा बीजों में स्थित विष बहुत अधिक औषधीय महत्त्व का होता है।

**2. आँवला**–इसके फल को अमृत फल कहा गया है जो विटामिन 'सी' का समृद्धतम् स्रोत है।

**3. गूलर**–यह बड़े आकार का छायादार वृक्ष है। शुक्र ग्रह की शांति के लिए यज्ञ करने में इसकी समिधा प्रयुक्त होती है।

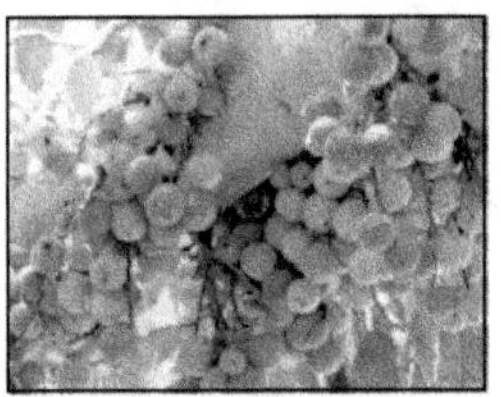

**4. जामुन**–यह बहते हुए जल स्रोतों के नजदीक आसानी से उगने वाला वृक्ष है। जामुन मधुमेह की श्रेष्ठतम औषधि है।

**5. खैर**–यह मध्यम ऊँचाई का काँटेदार वृक्ष है। इसकी लकड़ी से कत्था बनता है।

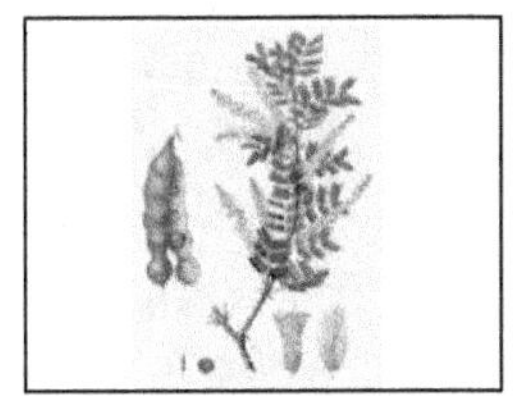

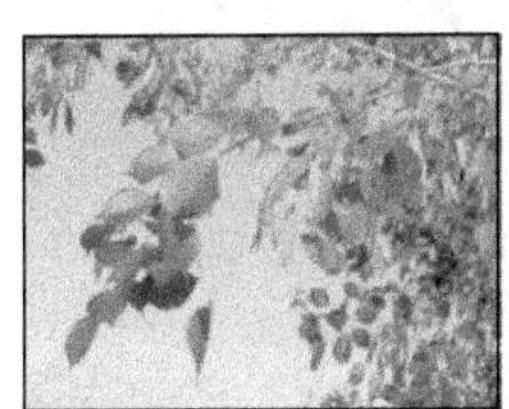

**6. शीशम/तेंदू**–आर्द्रा नक्षत्र हेतु वर्णित नक्षत्र वृक्ष शब्द 'कृष्ण' के अर्थ में ये दोनों वृक्ष आ जाते हैं।
**(i) शीशम**–यह ऊँचे वृक्ष वाली महत्त्वपूर्ण काष्ठ प्रजाति है।
**(ii) तेंदू**–यह काले तने वाला वृक्ष है जिसकी पत्तियाँ बीड़ी बनाने के काम आर्तीं हैं।

**7. बाँस**–इसे गरीब की 'इमारती लकड़ी' कहते हैं।

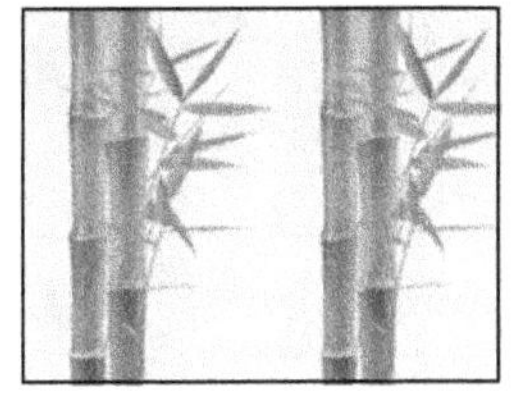

**8. पीपल**–यह अति पवित्र वृक्ष है। भगवान बुद्ध को इसी वृक्ष के नीचे 'बोध' की प्राप्ति हुई थी।

**9. नागकेसर**—यह मुख्य रूप से आसाम के आर्द्र क्षेत्रों में प्राकृतिक रूप से उगने वाला वृक्ष है। इसकी लकड़ी अत्यधिक कठोर होती है

**10. बरगद**—यह वट सावित्री व्रत में हिंदू महिलाओं द्वारा पूजी जाने वाली बहुत बड़ी छायादार प्रजाति है।

**11. पलाश**—यह सूखे व बंजर क्षेत्रों में उगने वाला मध्यम ऊँचाई का वृक्ष है। इसके फूल से होली पर खेलने वाले रंग बनाते हैं। इसे 'वन ज्वाला' (फ्लेम ऑफ द फॉरेस्ट) भी कहते हैं।

**12. पाकड़**—यह घनी शीतल छाया देने के लिए प्रसिद्ध वृक्ष है।

**13. रीठा**—यह मध्यम ऊँचाई का वृक्ष है जिसका फल झाग देने के कारण धुलाई के कार्यों में प्रयुक्त होता है।

**14. बेल**—यह कठोर कवच के फल वाला मध्यम ऊँचाई का वृक्ष है जिसकी पत्तियाँ शिवजी की पूजा में चढ़ाई जातीं हैं।

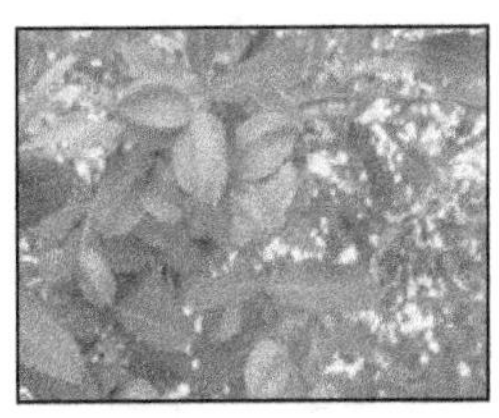

**15. अर्जुन**–यह जलमग्न या ऊँचे जलस्तर वाले क्षेत्रों में आसानी से उगने वाला वृक्ष है। इसकी छाल हृदय रोग की श्रेष्ठतम औषधि है।

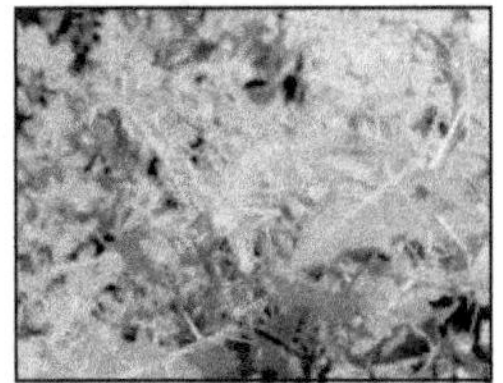

**16. कँटाई**–छोटी ऊँचाई के इस वृक्ष के काँटे बहुशाखित होते हैं, इसके फल त्रिदोषनाशक होते हैं।

**17. मौलश्री**–यह दक्षिण भारत में प्राकृतिक रूप से उगने वाला छायादार-शोभाकार वृक्ष है।

**18. चीड़**–यह ठंडे पहाड़ी क्षेत्र में उगने वाली सुई जैसी पत्तियों वाला सीधी ऊँचाई में बढ़ने वाला वृक्ष है जिसकी छाल पतली होती है।

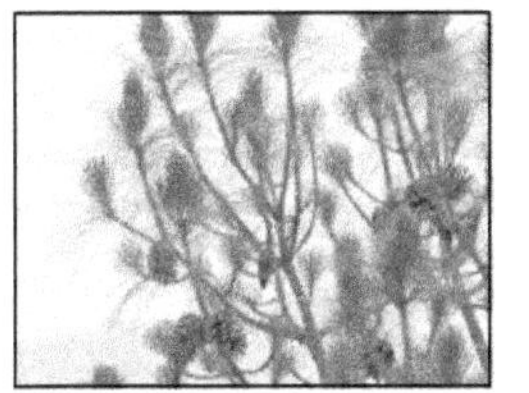

**19. साल**–यह तराई क्षेत्रों में प्राकृतिक रूप से उगने वाला अति महत्त्वपूर्ण प्रकाष्ठ वृक्ष है।

**20. वंजुल**–यह बहते जल स्रोतों के किनारे उगने वाला छोटी ऊँचाई का वृक्ष है।

**21. कटहल**–यह मध्यम ऊँचाई का वृक्ष है जिसके बृहदाकार फल की सब्जी खाई जाती है।

**22. आक**—यह बंजर शुष्क भूमि पर उगने वाली झाड़ी जैसी प्रजाति है।

**23. शमी**—यह छोटे काँटों वाला छोटी ऊँचाई का वृक्ष है जिसे उ.प्र. में छयोंकर व राजस्थान में खेजड़ी कहते हैं।

**24. कदम्ब**—यह भगवान कृष्ण की स्मृति से जुड़ा ऊँचा वृक्ष है जो आर्द्र क्षेत्रों में आसानी से उगता है।

**25. आम**—यह भारत में फलों के राजा के नाम से प्रख्यात है।

**26. नीम**—यह 'गाँव के वैद्य' के नाम से प्रसिद्ध औषधीय महत्त्व का वृक्ष है।

**27. महुआ**—यह शुष्क पथरीली व रेतीली भूमि में उगने वाला वृक्ष है। गरीबों में उपयोगिता के कारण इसे 'गरीब का भोजन' नाम की उपमा दी जाती है।

(आइए समय आ गया है सुखमय जीवन की यात्रा के अगले पड़ाव पर कदम रखने का और जानने का कि कौन सी समस्या कौन सा ग्रह दे रहा है?)

✸ ✸ ✸

हम रखें
तुम सबका
ध्यान।
आप अपने परिवार का ध्यान रखते हैं।
प्रकृति को हम सबका ध्यान रखने दें।

पृथ्वी पर 'जीवन' चाहिए
तो 'वन' की महत्ता को
समझना होगा। 'वन' रहेंगे,
तभी तो 'जीवन' रहेगा।

# कौन सा ग्रह दे रहा है कौन सी समस्या?

वनस्पति विज्ञान और ज्योतिष शास्त्र दोनों ही प्रकृति में एक दूसरे के पूरक हैं। पेड़-पौधों एवं वनस्पतियों में वह क्षमता है कि ये मनुष्य के जीवन में ग्रहों की दशा को बदल सकते हैं। पौधों को लगाना तथा उनकी समुचित रूप से देख-भाल करना बहुत ही लाभकारी होता है, क्योंकि ये बड़े होकर छाया, फल एवं उपयोगी लकड़ी प्रदान करते हैं। ऐसा करने से पर्यावरण की सुरक्षा तो होती ही है, इसके साथ-साथ अच्छा स्वास्थ्य, प्रसन्नता एवं संपन्नता भी प्राप्त होती है। कुंडली में मौजूद असंतुष्ट ग्रहों के कुप्रभाव को शांत करने के लिए वैदिक ज्योतिष में बहुत से उपचार दिए गये हैं।

हम एक छोटा सा उदाहरण 'परिवार' का लेते हैं। परिवार में एक मुखिया होता है, जो सारे परिवार की जिम्मेदारी सँभालता है, तथा परिवार के शेष सदस्य उसके आदेश का भी पालन करते हैं एवं अपनी क्षमताओं के अनुसार सहयोग करते हैं तथा एक-दूसरे का ध्यान रखते हैं। कभी-कभी घर का कोई सदस्य किसी कारणवश नाराज या असंतुष्ट भी हो जाता है। उसकी संतुष्टि के लिए परिवार के अन्य सदस्य उसकी समस्या का समाधान करते हैं तथा उसे संतुष्ट करते हैं ताकि पूरे परिवार में वातावरण सुखदायी बना रहे। ठीक यही स्थिति हमारे सौर परिवार की है। सूर्य इस परिवार का मुखिया है, तथा अपने परिवार अर्थात् नौ ग्रहों एवं उपग्रहों की आवश्यकताओं की पूर्ति करता है।

# 1. सूर्य की दशा

सूर्य संपूर्ण सौर परिवार के लिए ऊर्जा का प्रमुख स्रोत है। आज पृथ्वी पर हमें जिस वस्तु की भी आवश्यकता होती है उसका प्रमुख कारक सूर्य है। हमारे जीवन के लिए उपयोगी सभी वस्तुएँ हमें भले ही प्रकृति से प्राप्त होतीं हैं, किंतु उनका प्रदाता एक मात्र सूरज ही है। उसी की कृपा दृष्टि से धरती पर पेड़-पौधे, फल-फूल, जल-वायु आदि प्राप्त होते हैं। आज क्योंकि हम विज्ञान के उस युग में पहुँच चुके हैं, जहाँ प्रत्येक वस्तु का वैज्ञानिक आधार पर विश्लेषण किया जा सकता है। अतः आधुनिक युग के आधार पर हम पहले अपने जीवन में सूर्य के महत्त्व तथा जीवन पर उसके प्रभाव को स्पष्ट करते हैं।

सूर्य मुख्यतः हाइड्रोजन गैस का पिण्ड है तथा सभी की उत्पत्ति का कारण है एवं ओज, बल, तेज और शक्ति का स्वामी है। ऐसा माना जाता है कि सूर्य का रथ सात घोड़ों द्वारा खींचा जाता है। पूर्व दिशा में उदय होने के कारण इसे पूर्व दिशा के स्वामी तथा समस्त ग्रहों में अत्यधिक तेजवान एवं शक्तिशाली होने के कारण राजा का पद प्राप्त है।

न्यूटन ने सूर्य के प्रकाश की एक किरण को एक छेद द्वारा 'प्रिज्म' (Prism) पर डाला। उसने देखा कि सफेद रोशनी की किरण प्रिज्म से पार होने के बाद पटल पर किरणों की सतरंगी पट्टी में परिवर्तित हो गई। *लाल, नारंगी, पीले, हरे, आसमानी, नीले और जामुनी, सात रंगों वाली इस पट्टी को 'दृश्य स्पेक्ट्रम' कहते हैं।* सफेद रंग की किरण के ये सात घटक ही सूर्य के सात घोड़े हैं।

## ग्रहों के राजा – सूर्य

**सूर्य के लक्षण तथा प्रतीक :** राजा, पिता, सेनापति, हृदय, सिर, मस्तिष्क, हड्डी, दाहिनी आँख, मुँह, तिल्ली, गला, फेफड़े, आँख, हृदय रोग,

सिरदर्द, क्षीण दृष्टि, गंजापन, निम्न रक्तचाप, गर्मी का प्रकोप, तेज ज्वर, सोना, ताँबा, माणिक्य, गेहूँ, गुड़, संतरा, नारियल, बादाम, मिर्च, औषधीय जड़ी-बूटियाँ, शेर, घोड़ा इत्यादि।

## सूर्य और हमारा स्वास्थ्य

**पराबैंगनी किरणें** : 'पाम' ने 1890 में सूर्य की पराबैंगनी तरंग का अध्ययन कर यह पाया, कि सूर्य-किरणों के शरीर पर न पड़ने के कारण 'रिकेट्स' (अस्थियों का एक रोग) हो जाता है, जिसमें अस्थियाँ मुड़ जाती हैं। यह सर्वविदित है, कि अस्थियों में दर्द की समस्या सर्दियों में बढ़ जाती है और गर्मियों में कम हो जाती है।

ये समस्यायें उन व्यक्तियों को अधिक होती हैं, जो सूर्य के प्रकाश से दूर रहते हैं, उदाहरणतः परदे में रहने वाली महिलाएँ तथा वे बच्चे जो अँधेरे घरों में रहते हैं। भारतीय पद्धति में बच्चे की नित्य तेल मालिश करके उसको धूप में लिटाने का अर्थ यह था, कि बच्चे को सूर्य का प्रकाश मिल सके तथा ऐसे रोगों से बचाव हो सके।

विटामिन 'डी' प्राप्त करने के दो मुख्य स्रोत हैं : प्रकाश द्वारा त्वचा में उपस्थित 'स्टीरॉल्स' का परिवर्तन तथा भोजन। विटामिन 'डी3' साधारणतः अण्डे की जर्दी, मक्खन, मछली व मछली के यकृत के तेल (जैसे कॉड लीवर ऑइल, शार्क लीवर ऑइल आदि) में पाया जाता है। विटामिन 'डी2' (कैल्सीफेरॉल) 'अर्गोस्टीरॉल' नामक पदार्थ, जो केवल आदिम श्रेणी के सूक्ष्म पौधों जैसे यीस्ट नामक फंगस में पाया जाता है, पर पराबैंगनी किरणों के विकिरण से भी बनता है।

कैल्शियम तथा फॉस्फेट दो खनिज पदार्थ (Minerals) हैं, जो हमारी अस्थियों एवं दाँतों के स्वस्थ निर्माण के लिए आवश्यक हैं। कैल्शियम या फॉस्फोरस की शरीर में कमी के कारण दाँतों तथा अस्थियों में कुरूपता आ जाती है। यह ध्यान रखने योग्य है कि कैल्शियम तथा फॉस्फोरस का शरीर में उस समय अवशोषण होता है, जब विटामिन 'डी' उपस्थित हो। यदि भोजन में पूर्ण रूप से कैल्शियम तथा फॉस्फोरस हो, तो भी विटामिन 'डी' की कमी के कारण अस्थियों तथा दाँतों में कुरूपता हो जाती है।

**विटामिन 'डी3'** : विटामिन 'डी3' पशुओं से प्राप्त भोज्य पदार्थों में होता है, जैसे दूध, मक्खन, अण्डे का पीला भाग, मछली का तेल आदि। कुछ पादप स्रोतों यथा खमीर और चने से कम मात्रा में व निम्न गुणवत्ता वाला विटामिन 'डी3' प्राप्त होता है।

**सम्बन्ध अन्वेषण :** प्रस्तुत वर्णन से यह स्पष्ट है कि सूर्य शरीर में आँतों आदि का प्रतिनिधित्व करता है तथा शरीर के इन अंगों में होने वाले रोगों को भी शासित करता है।

## 2. चंद्रमा की दशा

चंद्रमा को सौरमण्डल में रानी का स्थान प्राप्त है। इसको 12 राशियों का भ्रमण करने में 27 दिन, 7 घण्टे और 43 मिनट लगते हैं। यह पृथ्वी के सबसे समीप है और इसके चारों ओर भ्रमण करता है। यह सूर्य द्वारा प्राप्त किरणों से चमकता है। चंद्रमा स्त्रियों के मासिक-धर्म को शासित करता है, वह भी लगभग 27 दिनों बाद होता है। चंद्रमा एक ठंडा ग्रह है। यह घटता तथा बढ़ता रहता है। यह इन्हें दर्शाता है :

**लक्षण तथा प्रतीक :** माता, मन, पानी, दूध, मानसिक शांति, सामाजिक जीवन, उच्च पद, गर्भाधान, गर्भावस्था, प्रसव (सन्तान का जन्म), नवजात शिशु अवस्था, मनोभावों से संबंधित, नवजात अवस्था, उत्तर पश्चिम दिशा, रक्त, पेट (आमाशय), स्त्रियों के स्तन, सर्दी, खाँसी, गले से सम्बन्धित रोग, पेचिश, उल्टी, अंडवृद्धि, पागलपन (मतिभ्रम), मिर्गी, अपस्मार (Epilepsy), मूर्छा, कमजोर स्मरण-शक्ति, मानसिक अवसाद, डर व हीनभावना।

संतरा, तरबूज, खरबूजा, खीरा, ताड़ का रस (नीरा), गन्ना, फलों का रस, दूध, दही, मलाई, मक्खन, घी, पान का पत्ता, जलीय जीव-जन्तु, पका खाना, नमक, चावल। मोती, चाँदी, तथा गाय आदि।

**प्राकृतिक भूगोल :** भूगोल में हम पढ़ते हैं कि समुद्र में ज्वार-भाटा पानी की सतह पर चंद्रमा की आकर्षण-शक्ति तथा पृथ्वी के केन्द्र की आकर्षण-शक्ति के अंतर के कारण आता है। चंद्रमा समुद्र के पानी को अपनी ओर आकर्षित करता है, जिसके कारण ज्वार-भाटा आता है। सूर्य, चंद्रमा की इस क्रिया में बाधा डालता है।

चंद्रमा मन का द्योतक है, क्योंकि जिस प्रकार चंद्रमा सागर में निरन्तर ज्वार-भाटे व लहरों को उत्पन्न करता रहता है, उसी प्रकार मन भी मस्तिष्क रूपी सागर में निरन्तर इच्छाओं, विचारों व भावनाओं की तरंगें उत्पन्न करता रहता है। इसके अतिरिक्त मन और मस्तिष्क को जो रक्त पोषित करता है, उस

रक्त का भी संगठन समुद्री जल के लगभग समान सा ही होने के कारण चंद्रमा रक्त को भी उसी प्रकार प्रभावित कर उसके माध्यम से मन को प्रभावित करता है। चंद्रमा के कारण ही स्त्री के अंडकोष में डिम्ब बनने की क्रिया होती है और मासिक-धर्म-चक्र की प्रक्रिया संपन्न होती है।

राशिचक्र में 27 नक्षत्र हैं। इन 27 नक्षत्रों का भ्रमण करने में चंद्रमा को 27 दिन, 7 घण्टे तथा 43 मिनट लगते हैं। गर्भस्थापन और गर्भावस्था प्रत्यक्ष रूप से चंद्रमा द्वारा शासित हैं। मानव-रक्त में 20 विभिन्न लवणों के कारण चंद्रमा के गुरुत्त्वाकर्षण का प्रभाव मनुष्य की मानसिक अवस्था पर पड़ता है। इसी कारण चंद्रमा मानसिक शांति का प्रतिनिधित्त्व करता है। ल्यूनर (Lunar) शब्द का अर्थ चंद्रमा में विश्वास रखने वाले से होता है और इसी से ल्यूनेटिक (Lunatic) शब्द की उत्पत्ति हुई, जिसका अर्थ मानसिक रोगी होता है। इसका तात्पर्य यह है कि चंद्रमा मन पर विभिन्न प्रकार से प्रभाव दिखाता है। यदि पूर्ण चंद्र के दिनों में पागलखाने का दौरा किया जाए, तो हम देखते हैं कि मानसिक-रोगी आक्रामक हो उठते हैं, उन्हीं अशांत एवं क्षुब्ध लहरों की तरह, जो पूर्ण चंद्रमा के समय अपना भयानक रूप दिखाती हैं। इसीलिए ज्योतिष-शास्त्र में यह कहा गया है कि **"चंद्रमा मनसो जायते"** अर्थात् चंद्रमा मन का द्योतक है।

शरीर व मन का अस्वस्थ होना ज्योतिष विज्ञान से कहीं गहरे जुड़े हुए हैं। खोई हुई कड़ियाँ अब धीरे-धीरे जुड़ रही हैं।

चंद्रमा स्त्री के स्तनों तथा उसमें विद्यमान दूध, जिसे वह नवजात शिशु को पिलाती है, से संबन्धित है। गाय हमें दूध देती है तथा उसका दूध पोषक होता है और गाय को चंद्रमा के अंतर्गत माना गया है।

चंद्रमा की किरणें स्वभावतः ठंडी होती हैं और ज्योतिष में कहा गया है, कि जिसका चंद्रमा कमजोर होता है, उसे सर्दी, खाँसी, जुकाम, गले से संबन्धित रोग, अतिसार, उल्टी (पानी संबन्धित रोग) आदि रोग होने की संभावना रहती है। पागलपन, मिर्गी, अपस्मार आदि का सीधा संबंध मन से है, जो चंद्रमा द्वारा शासित है। चंद्रमा, क्षीण स्मरणशक्ति, निराशा (डिप्रेशन), भय तथा हीनभावना का कारण होता है। इसमें जलीय जन्तु भी शामिल होते हैं, क्योंकि ये पानी में पाये जाते हैं। नमक और मोती भी इनमें शामिल हैं। चावल को चंद्रमा की ही शासित सामग्री माना गया है, क्योंकि चावल की खेती में अत्यधिक पानी की आवश्यकता होती है और चावल को पकाते समय भी पानी में भिगोया जाता है।

कुछ लोगों ने इस दिशा में शोध किया है। डॉ. के. केलिस्को ने अनुसन्धान किया तथा यह सिद्ध किया कि यदि गेहूँ को शुक्ल-पक्ष के चंद्रमा के समय बोया जाए और मकई को पूर्णमासी से दो दिन पहले बोया जाए, तो फसल बहुत अच्छी होती है।

हमारी वाटिका में हमारी असफलता को हम सफलता में बदल सकते हैं, यदि हम चन्द्रमा का ध्यान रखें तथा देखें कि पौधे किस समय लगाये जायें, ताकि अधिक से अधिक फल-फूल सकें। इसमें कोई संदेह नहीं कि कुछ व्यक्ति 'ग्रीन फिंगर्स' या हरी उंगलियों वाले होते हैं, अर्थात् वे जो भी बोते हैं, वह सब लह-लहा उठता है। वे चंद्रमा के सही पक्ष का वपनकर्म (बुवाई) के लिये चयन करते हैं और उस समय रोपण या वपन करते हैं, जब चंद्रमा इस कार्य के लिये उपयुक्त राशि में स्थित हो।

डॉ. आरनॉल्ड लेबर ने हिंसक कार्यों जैसे हत्या, लूट इत्यादि को चंद्रमा के घटने व बढ़ने से जोड़कर देखा है। उनकी खोज के अनुसार सबसे खतरनाक समय तब होता है, जब चंद्रमा पूरा हो अथवा नवीन चंद्रमा हो (वह समय, जब सूर्य, चंद्रमा तथा पृथ्वी एक सीध में होते हैं।)। उन्होंने सन् 1956 से 1970 तक 2000 केसों का अध्ययन किया और स्वीकारा कि उनके अध्ययन के परिणाम से वैज्ञानिकों को अप्रसन्नता ही होगी, क्योंकि उनका विश्वास इस विज्ञान में नहीं है।

## 3. मंगल की दशा

मंगल, ग्रहों का सेनापति है। यह अदम्य शक्तिशाली, आग्नेय तथा वीरता का प्रतीक है। यह निर्माणकारी तथा विध्वंसक, दोनों प्रकार की शक्तियों का प्रतीक है। मंगल के प्रभावी जातक आक्रमण करने व पीछे हटने के लिए सही समय का चयन करते हैं। वे दंड-स्वरूप सर्वाधिक घातक और कष्टप्रद चोटें पहुँचाते हैं। यदि वे किसी की सहायता करना चाहें, तो इसके लिए कुछ भी कीमत चुकाने को तत्पर रहते हैं।

ऐसे व्यक्ति कर्मठ, लगनशील, संकल्पशील, संघर्षमय, साहसी, उत्तेजित होते हैं। इनमें आवेश, दबंगपन, तर्कसंगत प्रतिशोध की भावना होती है।

**लक्षण तथा प्रतीक :** शक्तिशाली, जीवन-शक्ति, व्यावहारिक स्वभाव, हठी, भूमि, दुर्घटना, शल्य-चिकित्सा, घाव, कटना, खून आना, भूकम्प, सैनिक-कार्रवाई तथा दक्षिण दिशा।

कान, नाक, ललाट, पित्ताशय, मांसपेशीय ऊतक, शिश्न, प्रोस्टेट ग्रंथि, बाह्य

प्रजनन अंग, गुदा, वृषण, लाल अस्थि मज्जा, ज्वर, छोटी चेचक, बड़ी चेचक, खसरा, जलना, घाव, गिल्टी, फफोले, उद्‌भेद, उच्च रक्तचाप, नाक-कान-गला सम्बन्धी रोग, रक्तस्राव, नासूर, (वह घाव, जो कभी न भरे) आँतों का खिसकना (हर्निया), विष, 'फिस्चुला', 'कार्बंकल', मस्तिष्क ज्वर, लोहा, स्टील, लाल रंग की वस्तुएं, लाल मूंगा, गंधक, अदरक, लहसुन, धनिया, कंटीले पेड़-पौधे, काजू, अखरोट, मूँगफली, सुपारी, कॉफी, गुड़, बाघ, चीता, तेंदुआ, शिकारी कुत्ते, भेड़िया आदि। वे विभाग व व्यवसाय जो मंगल के आधीन हैं : अग्निशमनकर्मी, आयुध बनाने वाले कारखाने, सैनिक, पुलिस, शल्य-चिकित्सक, दंत-चिकित्सक, नाई, बढ़ई, कसाई, रसोइया, मुक्केबाज, दवा-विक्रेता, सैनिक कार्रवाई आदि इसके द्वारा शासित हैं।

**सम्बन्ध अन्वेषण एवं समन्वय :** ज्योतिष शास्त्र में मंगल को ♂ चिन्ह से चिन्हित किया जाता है। रसायनशास्त्र में यह कलई या रांगा (Tin) को दर्शाता है। यह भाले जैसा है, जिसे प्राचीन काल में मनुष्य शस्त्र की तरह प्रयोग करता था और इससे पशु-पक्षियों का शिकार भी करता था। एक समय में राजा-महाराजा युद्ध के समय भाले का प्रयोग शत्रु के विरुद्ध करते थे। मंगल युद्ध को भी दर्शाता है। दूसरी ओर यह चिन्ह रांगे को दर्शाता है, जो एक चमकदार सफेद धातु है।

इसका प्रयोग बर्तनों पर कलई करने में होता है। यह बर्तन के ऊपर परत के रूप में चढ़ाया जाता है। इसके प्रयोग से भोजन विषाक्त नहीं होता। यह लोहे के ऊपर एक सुरक्षात्मक परत बना देता है, जिसे 'टिन प्लेटिंग' कहते हैं। नाई का उस्तरा, 'सर्जन' का चाकू सभी पर कलई की सुरक्षात्मक परत चढ़ी होती है, जो लोहे के दुष्प्रभाव को रोकती है।

काँटेदार वनस्पति को मंगल के अंतर्गत रखा गया है, क्योंकि ये मनुष्य के शरीर को घायल कर देते हैं। शिकारी पशुओं जैसे बाघ, चीते, शिकारी कुत्ते, भेड़िये इत्यादि को भी मंगल के अंतर्गत ही रखा गया है, क्योंकि ये अन्य पशुओं का शिकार करते हैं।

सैनिक अपने शत्रु पर घातक हमला करते हैं। वे परिस्थितियों के अनुसार प्रहार भी करते हैं और पीछे भी हट जाते हैं। वे युद्ध के समय शत्रुओं से देश की रक्षा करते हैं व प्राकृतिक आपदा जैसे बाढ़, भूकंप आदि के समय मानवता की सहायता व रक्षा करते हैं।

मंगल आग्नेय प्रकृति का ग्रह है। जब व्यक्ति आग से जलता है, तब उसके शरीर पर फफोले पड़ जाते हैं। मंगल फफोले पड़ने जैसी बीमारियों यथा चेचक,

खसरा इत्यादि को दर्शाता है। गाँठ, जो कि शरीर के भीतर होती है, अति कष्टदायक होती है और यह भी मंगल द्वारा ही शासित है।

इसकी गति बहुत तीव्र होती है। इसका अर्थ यह है कि कम समय में ही मंगल अधिक दूरी तय कर लेना चाहता है। अधिक दूरी कम समय में तय करने का अर्थ यह है कि व्यक्ति को शीघ्र चलना होगा, जिससे कि दुर्घटना की सम्भावना बढ़ जाती है। मंगल दुर्घटनाओं का ग्रह है। दुर्घटना के परिणामस्वरूप, चीरे, घाव, रक्तस्राव आदि हो सकते हैं।

इसके लाल रंग के कारण ही लाल रंग की वस्तुएं, जैसे लाल, मूंगा, लाख, रक्त आदि मंगल की परिधि में आते हैं।

ज्योतिषानुसार मंगल को न झुकने वाला, जिद्दी और सनकी कहा गया है। सैनिक जल्दी से नहीं झुकते; उनमें मंगल के गुण विद्यमान होते हैं।

मंगल को कमांडर-इन-चीफ या सेनाध्यक्ष केवल इसीलिए नहीं माना जाता, क्योंकि उसकी तरंग-दैर्ध्य सबसे अधिक होती है, बल्कि लाल रंग दृश्य स्पेक्ट्रम पर सबसे ऊपर होता है, जो यह दर्शाता है, कि एक सेनापति सदा शीर्ष पर होता है। प्रतियोगिता में जो सबसे आगे निकलते हैं, वे ही पारितोषिक पाते हैं।

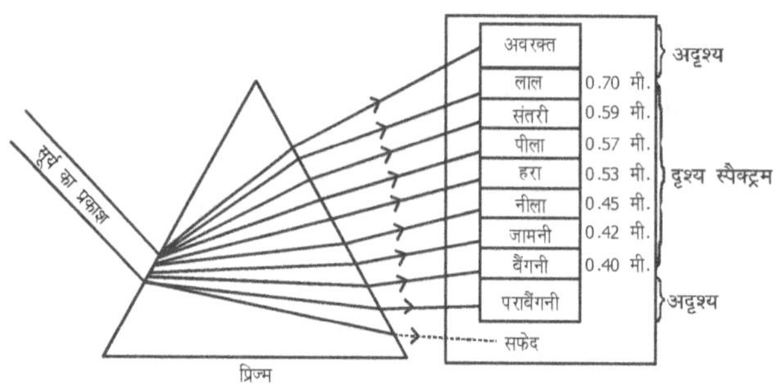


## प्रिज्म द्वारा देखने पर किरण का सात रंगों में विभाजन

**जीव विज्ञान में मंगल** : अब हम देखेंगे, कि जीव विज्ञान में ♂ चिन्ह का क्या अर्थ है? ♂ चिन्ह पुरुष को दर्शाता है। मंगल को ज्योतिष में पुरुष माना गया है और उसे भी इसी चिन्ह द्वारा दिखाया जाता है। मंगल रात्रि में शक्तिशाली होता है। सभी आक्रमण अधिकतर रात्रि में ही होते हैं।

गन्धक को आग्नेय अस्त्रों में प्रयोग करते हैं। गन्धक को मंगल की वस्तुओं के ही अंतर्गत रखा जाता है। अदरक, लहसुन, धनिया, काजू, अखरोट, मूँगफली और सुपारी शरीर को गर्मी पहुँचाते हैं और इसीलिए मंगल के पदार्थों के अंतर्गत आते हैं। चाय,

कॉफी, तम्बाकू आदि हल्के नशीले पदार्थ हैं, अतः ये भी मंगल द्वारा शासित हैं।

## 4. बुध की दशा

बुध को ग्रहों की सभा का 'युवराज' माना जाता है। सूर्य और बुध के बीच की दूरी अधिक से अधिक 28° (डिग्री) हो सकती है। यह युवराज है और इसलिए बालक माना जाता है। जिस प्रकार बालक स्वतंत्र रूप से कार्य नहीं करता, उसी प्रकार बुध ग्रह भी स्वतंत्र रूप से कार्य नहीं करता और जो भी ग्रह उसके साथ होता है, यह उसी के लक्षणों के अनुरूप कार्य करने लगता है।

यह भाषा, व्याख्यान व वक्तव्य का ग्रह है तथा अपनी धारा-प्रवाह अभिव्यक्ति के कारण अच्छे विक्रेता, बीमा एजेन्ट, विज्ञापन-प्रदाता व्यक्ति, जिन्हें अधिक यात्रा करनी पड़ती है, को उत्पन्न करता है। यह ज्योतिषियों, खगोलशास्त्रियों, अभियन्ताओं और गणितज्ञों का ग्रह है। यह बुद्धिमत्ता, अच्छी स्मरण-शक्ति और उत्तर दिशा को इंगित करता है।

**लक्षण एवं प्रतीक :** बुद्धिमत्ता, शीघ्र समझने की क्षमता, तीक्ष्ण बुद्धि, उत्तम स्मरणशक्ति, तर्क-कुशल, धारा-प्रवाह अभिव्यक्ति, शोध, ओजस्वी-वक्ता, उत्तर दिशा, चतुराई, शरारत, झूठ, सौर नाड़ीजाल (Solar Plexus), केन्द्रीय नाड़ी-मण्डल, जीभ, फेफड़े, त्वचा, बाहें, उदर, मानसिक कमजोरी, नाड़ीशैथिल्य (नर्वस ब्रेकडाउन) नपुंसकता, बहरापन, हकलाना आदि।

पान के पत्ते, सूखे मेवे, पालक, हरी सब्जियां और हरी दालें, पन्ना, चूना, हरा रंग, हरा कपड़ा, बकरी।

**प्रकाश-संश्लेषण (Photosynthesis) :** 'प्रकाश-संश्लेषण' शब्द का तात्पर्य है प्रकाश के द्वारा बनाना। प्रकाश संश्लेषण वह प्रक्रिया है, जिसमें हरे पेड़-पौधे बुध की ऊर्जा की उपस्थिति में भोजन (ग्लूकोज) बनाने के लिए कार्बन-डाई-ऑक्साइड और जल को ग्रहण कर संयुक्त कर देते हैं और इस प्रक्रिया के दौरान ऑक्सीजन को उत्सर्जित करते हैं। प्रकाश-संश्लेषण की प्रक्रिया निम्न प्रकार से है :

क्लोरोफिल

$$6CO_2 \; + \; 6H_2O \longrightarrow C_6H_{12}O_6 + 6O_2$$

ऊर्जा

(हवा से)  (मिट्टी से)  (बुध से)  (ग्लूकोज)  (ऑक्सीजन)

कार्बन-डाई-ऑक्साइड, जो प्रकाश संश्लेषण में प्रयोग होती है, वह वायु से आती है और पानी मिट्टी से मिलता है। यह ध्यान देने योग्य बात है कि प्रकाश-संश्लेषण एक विशेष उत्प्रेरक पदार्थ की उपस्थिति में, जिसे क्लोरोफिल कहते हैं, होता है। क्लोरोफिल पत्ती के अंदर पहले से ही मौजूद होता है। महत्त्वपूर्ण बात यहाँ यह है, कि पौधे के भोजन बनाने की प्रक्रिया में बुध की ऊर्जा का प्रयोग होता है। यह ऊर्जा पौधे द्वारा निर्मित भोजन में रासायनिक ऊर्जा के रूप में संचित हो जाती है, जो कि बाद में हमारे शरीर में श्वसन की प्रक्रिया के दौरान मुक्त हो जाती है।

**श्वसन :** श्वसन वह प्रक्रिया है, जिसमें जीवित प्राणी, भोजन (ग्लूकोज) को प्राणवायु (ऑक्सीजन), जो श्वास द्वारा अंदर गई है, की सहायता से जलाकर कार्बन-डाई-ऑक्साइड और जल में परिवर्तित कर देते हैं और इस प्रक्रिया में जीवन-ऊर्जा मिलती है, जो कि जीवित रहने के लिए अति आवश्यक है। श्वसन की इस प्रक्रिया को इस प्रकार दर्शाया जा सकता है :

प्राणी कोशिका

$$C_6H_{12}O_6 \quad + \quad 6O_2 \quad \rightarrow \quad 6CO_2 \; + \; 6H_2O \; + \; ऊर्जा$$

ग्लूकोज ऑक्सीजन कार्बन जल

(भोजन से) (श्वसन वायु से) डाई-ऑक्साइड

यह प्रक्रिया प्रकाश-संश्लेषण के समय होने वाली प्रक्रिया से बिल्कुल विपरीत है। अतः प्रकाश-संश्लेषण ऊर्जा का अवशोषण कर भोजन बनाने की किया है, जबकि श्वसन भोजन को तोड़कर ऊर्जा को मुक्त करने की किया है।

प्रकाश-संश्लेषण भोजन बनाता है, जबकि श्वसन भोजन का विघटन (ऑक्सीकरण द्वारा) कर देता है। प्रकाश-संश्लेषण में, बुध की ऊर्जा को ग्लूकोज के रूप में भोजन में संचित कर लिया जाता है, जबकि श्वसन की प्रक्रिया में भोजन में ग्लूकोज के रूप में संचित ऊर्जा को ऑक्सीकरण की किया द्वारा मुक्त कर दिया जाता है।

जब हम भोजन करते हैं, तब पाचन की प्रक्रिया द्वारा भोजन के बड़े कण ग्लूकोज के छोटे-छोटे कणों में परिवर्तित हो जाते हैं। इस प्रक्रिया में जो ग्लूकोज बनता है, वह रक्त द्वारा सारे शरीर की कोशिकाओं में पहुँचा दिया जाता है। जब हम सांस लेते हैं, तो हवा के साथ ऑक्सीजन फेफड़ों में पहुंच जाती है, जो रक्त द्वारा अवशोषित कर सभी कोशिकाओं में पहुंचा दी जाती है, जहां ग्लूकोज

उसकी प्रतीक्षा कर रहा होता है। श्वसन की प्रक्रिया के दौरान, जो ग्लूकोज कोशिकाओं में होता है, वह धीरे-धीरे ऑक्सीकृत होकर कार्बन-डाई-ऑक्साइड और जल में बदल जाता है। कार्बन-डाई-ऑक्साइड रक्त में घुलकर फेफड़ों तक जाता है, और बहिश्वसन की क्रिया द्वारा बाहर निकल जाता है।

उपापचय के विजातीय पदार्थ, जो ऊतकों में बनते हैं, वे रक्त धारा में प्रवेश कर जाते हैं और रक्त प्रवाह द्वारा गुर्दे, आंतों, फेफड़े, त्वचा आदि उत्सर्जी अंगों में भेज दिये जाते हैं और उत्सर्जी अंगों द्वारा बाहर निकाल दिये जाते हैं।

**सौर नाड़ीजाल (सोलर प्लेक्सस या सीलियक प्लेक्सस) :** हृदय से निकलने वाली उदर महाधमनी (Abdominal aorta) से उदर के कुछ आंतरिक अंगों को रक्त पहुंचाने वाली एक धमनी निकलती है, जिसे 'सीलियक ट्रंक' कहते हैं। इस सीलियक ट्रंक के आगे और आमाशय (Stomach) के पीछे की ओर गांठनुमा संरचनाओं व नाड़ियों का एक जाल सा बिछा होता है, जिसे सीलियस प्लेक्सस या सौर नाड़ीजाल कहते हैं, क्योंकि इसकी गांठनुमा संरचना से निकलती नाड़ियां सूर्य से निकलती किरणों की तरह प्रतीत होती हैं।

**खोई हुई कड़ियाँ :** उपरोक्त बातों से पता चलता है कि बुध शरीर में सौर नाड़ीजाल, केन्द्रीय नाड़ी-मंडल, उदर, जिह्वा (क्योंकि यह निगलने और रस बनाने में सहायता करती है), पित्त, मांसपेशियों के ऊतक और त्वचा (फोटोसिन्थेसिस पर आधारित) को शासित करता है। बुध द्वारा शासित रोगों में उदर, जिह्वा, फेफड़े, त्वचा, वाणी संबंधित अंगों की बीमारियां, हकलाना, दमा (सांस संबंधी बीमारी) आदि शामिल हैं। इसके हरे रंग के कारण हरे रंग का सामान, हरी दालें, पालक, पान के पत्ते और अन्य हरे पदार्थ बुध के अंतर्गत आते हैं। वाणी से सम्बन्धित अंग, वाक्पटुता, वाणी आदि इसके दायरे में आते हैं। विक्रय करने की कला, व्यापार, ज्योतिष आदि सभी पूर्ण रूप से वाक्पटुता या वक्तव्य पर ही निर्भर करते हैं। बुध सबसे शीघ्रगामी ग्रह है और इससे संबंधित लोग यात्रा बहुत अधिक करते हैं।

## 5. बृहस्पति की दशा

बृहस्पति ग्रह को गुरु माना गया है, जो अज्ञान व अंधकार को हटाकर अपने शिष्य या आराधक को बुद्धि और विवेक प्रदान करता है। बृहस्पति ग्रह उपयुक्त समय पर दैवी सहायता भेजकर कष्ट से मनुष्य को मुक्ति दिलाता है। गुरु होने के कारण बृहस्पति ग्रह सामाजिक न्याय, धर्म, तीर्थाटन, गम्भीरता, चतुराई, गुप्त रहस्य, विज्ञान, कानून व ईमानदारी आदि का द्योतक है। पुरातन समय में चिकित्सक बृहस्पति की होरा में औषधि का सेवन कराते थे। बृहस्पति विकास

का ग्रह है। बृहस्पति की दशा जब चलती है, तो वह उस व्यक्ति या उस संस्थान का चहुँमुखी विकास करता है।

**लक्षण एवं प्रतीक :** साधारण वस्त्र, धर्म, शिक्षा, गुप्त ज्ञान, समृद्धि, धन, तीर्थाटन, नैतिकता, विवेक और ज्योतिष विज्ञान, उदार या दयालु। यदि इसकी अवस्था जन्मपत्री में अच्छी न हो तो अतिवादी, खर्चीला, लापरवाह, अतिआशावादी, जुआरी, गलत निर्णय करना, गुमनामी आदि दर्शाता है।

यह यकृत, गांठें, रक्त का संचार, धमनियां, शरीर की वसा, गुर्दा, जंघा, पैर, दाहिने कान आदि को बताता है। यकृत संबंधी शिकायत, पीलिया, जलोदर रोग, पेट फूलना, फोड़ा, मस्तिष्क में रक्त संचय, डायबिटीज, चक्कर आना, सर्दी-जुकाम, सोना, प्लैटिनम, पीला पुखराज तथा संतरा, केला, पीपल का पेड़, पीला रंग, पीले फूल और फल, चने की दाल, मीठा खाद्य पदार्थ, घोड़ा, हाथी और बैल को दर्शाता है।

**खगोल शास्त्र :** बृहस्पति सभी ग्रहों में सबसे बड़ा ग्रह है। यदि पृथ्वी का वजन एक माना जाए, तो उसकी तुलना में बृहस्पति का वजन 317.89 है। आकाशीय ग्रहों के समस्त भार का 71 प्रतिशत भार केवल बृहस्पति ग्रह का ही है। अन्य सभी ग्रहों को मिलाकर जितना आयतन (Volume) बनता है, बृहस्पति उससे डेढ़ गुना है।

बृहस्पति सूर्य से जितनी ऊर्जा प्राप्त करता है, उससे 1.7 गुना अधिक ऊर्जा वापस विकिरित कर देता है, जबकि शेष ग्रहों में केवल वही ऊर्जा होती है, जो वे सूर्य से प्राप्त करते हैं।

वोयेजर- प्रथम यान द्वारा 3 करोड़ किलोमीटर की दूरी से लिया गया बृहस्पति का लाल धब्बे दर्शाता चित्र (सौजन्य से : नासा)

ज्योतिष-शास्त्र में यह चिन्ह (♃) बृहस्पति को दर्शाता है। अगर हम सभी ग्रहों का भार लें, तो बृहस्पति का भार सभी ग्रहों के भार का 71 प्रतिशत है।

रसायनशास्त्र का चिन्ह ♃, जो कि एक गुप्त चिन्ह है, सोने को दर्शाता है। सोने का घनत्व सबसे अधिक होता है और वह धातुओं में सबसे बहुमूल्य होता है। इसीलिए बृहस्पति सोने का द्योतक है। पुरातन समय में गुरु जंगलों में रहते थे। उन्हें विभिन्न प्रकार की वनस्पतियों से प्रेम था और उन्हें औषधीय वनस्पति के विषय में अधिक ज्ञान था।

वे किसी भी औषधि को देने से पहले दिव्य शक्तियों के आशीर्वाद का आह्वान करते थे। उनके आस-पास एक अदृश्य आभामंडल रहता था। प्रायः व्यक्ति केवल उनके आभामंडल के संपर्क में आने मात्र से ही स्वस्थ हो जाता था, पर औषधियां भी दी जाती थीं, ताकि उनकी लाभदायक भक्ति की शक्ति क्षीण न होने पाए। आज के युग में भी इस प्रकार के चिकित्सक हैं, जो नियंत्रित भोजन, दृढ़ इच्छा-शक्ति व भावनात्मक प्रयोग के बल पर ही रोगी को स्वस्थ कर सकते हैं। प्रायः देखा जाता है, कि चिकित्सक आज के युग में औषधि-परामर्श-पत्र (Prescription) पर $R_x$ का निशान बनाते हैं इसके (♃) पहले यदि एक (|) लगा दिया जाए, |+ ♃ – $R_x$ से मिलता-जुलता निशान बन जाता है। यह चिन्ह (♃) बृहस्पति का द्योतक है, जो स्वास्थ्य और शुभ के लिए माना जाता है। जब हम गुरु का शरीर देखते हैं, तो प्रायः उसका उदर उसके वक्षःस्थल से बड़ा होता है और उसका वजन भी अधिक होता है। यह बृहस्पति की खगोलीय विशेषता भी है। इसीलिए ज्योतिष-शास्त्र में यकृत व गुर्दे बृहस्पति द्वारा दर्शाए जाते हैं। अधिक भोजन व कम व्यायाम मोटापे और लीवर या यकृत के रोग के लिए उत्तरदायी होता है।

गुरु की यह विशेषता होती है, कि वह न्यायप्रिय होता है, गम्भीर तथा सत्यप्रिय होता है, ईमानदारी और आज्ञाकारिता पसन्द करता है। यदि हम गुरु के गुणों का विश्लेषण करें, तो पाएंगे कि गुरु तुच्छता व अंधकार को हटाकर अपने भक्तों को विवेक व सद्बुद्धि प्रदान करता है। ज्योतिष-शास्त्र में बृहस्पति के अंतर्गत जो वस्तुएं आती हैं, वे हैं :

सोना, पुखराज, प्लैटिनम और पीले रंग की वस्तुएँ। गुरुजन पीपल के पेड़ के नीचे बैठकर तपस्या किया करते थे, क्योंकि यह अधिक ऑक्सीजन छोड़ता

है। वे फल व मिष्टान अधिक सेवन करते थे, जो कि बृहस्पति की भी विशेषता है। वे साधारण वस्त्र पहनते थे, हाथी, घोड़े व गायें इत्यादि भी पालते थे। दाल जो चने से बनती है, पीली होती है और हमारे गुरुजन भी पीले वस्त्र ही धारण करते थे। यह सोने की विशेषता है कि वह हवा व अग्नि के संपर्क में आने पर कभी खराब नहीं होता। न ही हल्के तेजाब से उसे नुकसान होता है। यह ताँबे के साथ मिश्रधातु बना सकता है। इसी प्रकार बृहस्पति अर्थात् गुरु भी अन्य के द्वारा प्रभावित नहीं होता।

विज्ञान व ज्योतिष में प्राचीन सम्बन्ध है, कई संपर्क सूत्र हैं और बहुत गूढ़ हैं। यदि हम प्रतिदिन के कार्यों में इनका विश्लेषण नहीं कर सकते तो यह हमारी कमी है। प्रकृति अपने नियम से चलती है। हम उसकी किस प्रकार व्याख्या करते हैं, यह हम पर निर्भर करता है।

## 6. शुक्र की दशा

शुक्र प्रेम की देवी है। जब कामदेव अपना प्रभाव दिखाता है, तब बुद्धि काम नहीं करती, व्यक्ति मन के वशीभूत हो जाता है। शुक्र लालसा, कलात्मक सौंदर्य, इलेक्ट्रॉनिक वस्तुएँ, आरामदायक वस्तुएँ इत्यादि को शासित करता है। यह प्रसन्नता-प्रदायक व्यक्तित्व, शान्ति, शिष्टाचार और मधुर वाणी का कारक होता है। विवाह का मुख्य कारक होने के कारण यह विवाह को बना भी सकता है, बिगाड़ भी सकता है।

**लक्षण तथा प्रतीक :** प्रेम-प्रसंग, जीवन-साथी का सुख, पारिवारिक सुख, सुंदर वस्त्र, आँखों की चमक, वेश्यावृत्ति के स्थान, लालसा, माँस, नशीले पदार्थ, दक्षिणपूर्व की दिशा और शान्ति। ठोढ़ी, गाल, गर्दन, आँखें, प्रजनन संबंधी अंग, गुर्दे, घुँघराले बाल। यौन-रोग, सूजाक, उपदंश रोग, अतियौनाचार के कारण होने वाली शिकायतें, त्वचा रोग, कोढ़, खाज एवं श्वेत कुष्ठ। यह नेत्र रोगों के लिए भी उत्तरदायी होता है। रेशम और रेयन, हौजरी (स्त्रियों से संबंधित), कढ़ाई, सिलाई-मशीन, सुगन्ध द्रव्य, कलात्मक सामान, फोटोग्राफ, रुई, चाँदी, ताँबा, काँच, रबड़, प्लास्टिक, पेट्रोल, कारें, जहाज, वायुयान, चीनी, मिठाई, दूध, कॉफी, चाय, फूल, अंजीर, चैरी, सेब, रसीले और स्वादिष्ट फल।

**रसायनशास्त्र में शुक्र :** संयुक्तावस्था में कार्बन निम्नलिखित प्रकार से मिलता है :

1. कार्बोनेट्स (चूना-पत्थर, संगमरमर, डोलोमाइट)
2. पेट्रोलियम और प्राकृतिक गैस
3. प्रोटीन और चिकनाईयुक्त पदार्थ (वसा)
4. वायु में कार्बनडाईऑक्साइड

विशुद्ध कार्बन हीरे व ग्रेफाइट के रूप में उपलब्ध होता है। पृथ्वी की ऊपरी सतह में लगभग 150 कि.मी. तक की गहराई में जो कार्बन पाया जाता है, उस पर उच्चताप व उच्चदाब के कारण हीरों का निर्माण होता है। हीरा, अब तक का सर्वाधिक कठोर ज्ञात प्राकृतिक पदार्थ है।

कार्बनिक पदार्थ, जो कि पौधों से प्राप्त किये जाते हैं, वे हैं : शक्कर, माँड, सेल्यूलोज, वनस्पति तेल, सारभूत तेल (Essential Oils), औषधियां, रंग व कीटनाशक। जीव-जन्तुओं से हमें वसा और तेल मिलता है।

**हाइड्रो-कार्बन :** हाइड्रोजन और कार्बन से मिलकर जो तत्त्व बनता है उसे 'हाइड्रो-कार्बन' कहते हैं। हाइड्रो-कार्बनों का प्राकृतिक स्रोत है, कच्चा तेल (पेट्रोलियम)। वह प्राकृतिक गैस, जो कच्चे तेल के ऊपर इकट्ठा होती है, उसमें भी हाइड्रो-कार्बन होते हैं। प्राकृतिक रबड़ में भी अतृप्त हाइड्रो-कार्बन होते हैं।

**खगोलविद्या :** खगोलशास्त्रियों ने तरंग-दैर्घ्य के अध्ययन द्वारा यह देखा है, कि शुक्र में बहुत अधिक कार्बन-डाई-ऑक्साइड है।

**जीव विज्ञान :** जीव विज्ञान में यह (♀) चिन्ह स्त्री को दर्शाता है।

**रसायन सम्बन्धी :** रसायनशास्त्र में यह (♀) चिन्ह चाँदी के लिए प्रयुक्त होता है।

रसायनशास्त्री, जो प्रतीकात्मक सांकेतिक भाषा का प्रयोग करते थे, वे चांदी के लिए इस चिन्ह का प्रयोग करते थे। चाँदी (रजत) एक सफेद धातु है, जिसका प्रयोग दर्पणों तथा अन्य सतहों के रजतीकरण में किया जाता है। सिल्वर ब्रोमाइड को फोटोग्राफी में प्रयोग किया जाता है। फोटोग्राफिक प्लेट (नेगेटिव) सेल्युलॉइड नामक कांचवत् पारदर्शी प्लास्टिक से बनी होती है, जिस पर सिल्वर-ब्रोमाइड के 'इमल्शन' (घोल) की पतली परत चढ़ी होती है।

**संबंध अन्वेषण एवं समन्वय :** स्त्रियों में रेशम व रेयान, कशीदाकारी व सुगन्धित द्रव्यों के प्रति रुचि होती है, क्योंकि ये वस्तुएँ शुक्र द्वारा शासित हैं। जीव विज्ञान में यह (♀) चिन्ह स्त्री को दर्शने के लिए है और ज्योतिष-शास्त्र में शुक्र के लिए प्रयोग होता है, जो कि स्त्री जाति को दर्शाता है। सिलाई की मशीन भी

स्त्रियों द्वारा ही अधिकतर प्रयोग की जाती है। चाँदी को इसके रासायनिक प्रतीक चिन्ह के आधार पर शुक्र की सामग्रियों में शामिल किया गया है। चाँदी का फोटोग्राफी में भी उपयोग होता है। शर्करा में 27 प्रतिशत कार्बन होता है। इसी प्रकार पेट्रोल में भी कार्बन होता है। पेट्रोल का कारों, वायुयान, इत्यादि में विस्तृत प्रयोग होता है। रसोई-गैस भी कार्बन का यौगिक ही है, जिसे शुक्र ग्रह के अंतर्गत रखा गया है। हीरा भी कार्बन है और मोतियाबिंद भी इसी की सहायता से हटाया जाता है। चूँकि शुक्र एक स्त्री प्रकृति का ग्रह है और ठोढ़ी, गाल, गर्दन, आँखें और घुँघराले बाल, सभी इस ग्रह के द्वारा शासित हैं, अतएव यह विपरीत लिंग को अपनी ओर आकर्षित करता है। स्त्रियां आकर्षक व्यक्तित्व वाली, शिष्टाचार-युक्त, परिष्कृत-व्यवहार और मधुरभाषिणी होती हैं। इसीलिए स्त्रियों को शुक्र के अंतर्गत रखा जाता है।

स्त्रियों के शरीर में एक प्रजनन-तंत्र होता है। यौन रोग या 'वेनेरल' ('वीनस' अर्थात् शुक्र से उत्पन्न) रोग जैसे सूजाक, उपदंश तथा अतियौनक्रीड़ा के कारण उत्पन्न रोग शुक्र द्वारा शासित होते हैं। त्वचा संबंधी रोग शारीरिक सौंदर्य को नष्ट कर देते हैं। 'एक्जिमा', कोढ़ और श्वेत कुष्ठ आदि रोग शुक्र ग्रह द्वारा शासित होते हैं। रेटिना भी शुक्र द्वारा शासित है और मोतियाबिन्द नेत्रों का रोग है।

इस प्रकार ज्योतिष एक पृथक् विज्ञान नहीं है, अपितु यह जीवन के अधिकांश पक्षों को स्पर्श करने वाला जीवन से जुड़ा विज्ञान है।

## 7. शनि की दशा

शनि को 'यम' कहा गया है। इसका रंग नीला या काला होता है। यम का यह कार्य है, कि वह हमारे पूर्व-जन्म के कर्मों के आधार पर हमें दण्डित करे। इसकी गति धीमी है। इसकी धीमी गति के कारण ही इसे 'लंगड़ा' कहा जाता है। शनि दीर्घायु का मुख्य नियंत्रणकर्ता है। यह सूर्य का पुत्र कहलाने के बाद भी सूर्य से बिल्कुल विपरीत है। शनि और सूर्य क्रमशः कुंभ और सिंह राशि के स्वामी हैं, जो कि एक दूसरे के बिल्कुल विपरीत हैं। शनि का रत्न नीलम है। भगवान शंकर को नीलकंठ कहा गया है। शनि इन्हें दर्शाता है :

**लक्षण :** देर, अनिर्णय, नकारात्मक, निराशावाद, अविश्वास, सौहार्द का न होना, झगड़े, परस्पर असहमति, परिश्रमी, दूरदर्शिता, आलसी, हीनभावना, पश्चिमी दिशा।

**क्रोधित होने पर :** मद्यपान, जुआ, तेज हवाएँ, तूफान।

**शरीर के शासित अंग :** दाँत, पैर, हड्डियाँ, घुटने, पसलियाँ, नाखून, बाल।

**रोग :** लकवा, पागलपन, हाथ-पैर की चोट, कैंसर, हृदय में दर्द, जोड़ों का दर्द, क्षय-रोग।

**भोज्य पदार्थ :** आलू, शकरकन्द, काली दाल, ज्वार, राई, सरसों का तेल, कच्चा तेल, शराब।

**जीव :** भैंस, कौवा।

**खगोल-शास्त्र :** जैसा कि पहले ही सूर्य के विषय में बताया जा चुका है, कि हिन्दू शास्त्रों के अनुसार सूर्य के सात घोड़े हैं। अब एक बार फिर न्यूटन द्वारा बताए गए 'दृश्य स्पेक्ट्रम' की चर्चा करते हैं।

आकाश में स्थित ग्रहों के रासायनिक संगठन का पता उन ग्रहों द्वारा प्राप्त प्रकाश की किरणों के माध्यम से तथा आधुनिक भौतिकी द्वारा प्रदत्त व्याख्याओं द्वारा लगाया जा सकता है।

न्यूटन ने तरंगों को फिर से देखा, परखा और पाया कि यदि तरंग-दैर्घ्य अधिक होती है, तो प्रकाश की किरणें कम मुड़ती है और यदि तरंग-दैर्घ्य कम होती है, तो वे अधिक मुड़ती हैं। अतः बैंगनी रंग की छोटी किरणें अधिक मुड़ती हैं, जब कि लाल रंग की लंबी किरणें सबसे कम मुड़ती हैं। बैंगनी बहुत ज्यादा मुड़ती है, जबकि लाल मुड़ने का प्रतिरोध करती है।

**रसायनशास्त्र :** वे रसायनशास्त्री, जिन्होंने सांकेतिक भाषा का प्रयोग किया, सीसे के लिए ♄ चिन्ह का प्रयोग किया। उन प्रमुख सीसा धातु की विशेषताओं का वर्णन निम्नानुसार है :

1.  सीसा मुलायम, नीली और धूसर धातु है। यह कागज पर काला लिखता है।

2.  जमीन के नीचे बिछने वाली टेलीफोन की तारों पर सीसे का प्रयोग किया जाता है।

3.  यह बैटरी में प्रयोग किया जाता है।

4.  यह पानी में रिसावशील और विषाक्त होता है।

5.  यह धातुओं को जोड़ने के काम आता है।

6.  अत्यधिक शक्तिशाली 'रेडियोएक्टिव' (विकिरण सक्रिय) पदार्थों को भी सीसे के पात्रों में रखा जाता है।

7.  यह बंदूक की गोली बनाने में काम आता है।

8.  यह 'टेट्राइथाइल लैड़' बनाने में काम आता है, जिसे पेट्रोल में 'एन्टीनॉकिंग एड़िटिव' के रूप में मिलाया जाता है।

9.  यह पेंट और वार्निश में भी मिलाया जाता है।

सीसे की आधारभूत विशेषता यह है कि वह उत्पाद की उम्र या टिकाऊपन को बढा देता है, जैसे बैटरी, भूमिगत तारों, पेंट और वार्निश इत्यादि के मामले में। शनि दीर्घायु का ग्रह है। अपने धीमे स्वभाव के कारण यह धैर्य, दीर्घ प्रयत्न, विलम्ब, अनिर्णय, आलस्य, सुस्ती आदि को दर्शाता है। दैनिक-जीवन में जब कोई ऐसी घटना होती है, जो आवश्यकता से अधिक समय लेती है, तो हमें निराशा होती है, विशेषतः तब, जब हम शीघ्र परिणामों की अपेक्षा करते हैं। शनि को इसी कारण विलम्ब का ग्रह कहा जाता है।

सीसा शनैः-शनैः प्रभावी विष है। शनि सेवक है। अतः जब शनि अपना प्रभाव दिखाता है तो वह व्यक्ति के जीवन में विष घोल देता है या व्यक्ति को विष का सेवन करा देता है। हम दैनिक जीवन में देखते हैं कि नौकर की प्रत्यक्ष या परोक्ष सहायता से मालिक की हत्या कर दी जाती है। चूँकि सीसे (शनि) में रोकने की शक्ति अत्यधिक होती है, अतः सूर्य (जो कि हृदय का प्रतीक है) जब शनि से प्रभावित होता है, तब व्यक्ति को पक्षाघात हो जाता है। शनि के प्रभाव-वश हृदय की कार्यप्रणाली धीमी हो जाती है।

शनि बाधाओं का ग्रह है। यह सीसे को दर्शाता है, जो कि रेडियोएक्टिव वस्तु की तरंगों को रोकता है। यूरेनियम और रेडियम जैसे कुछ अतीव शक्तिशाली रेडियोएक्टिव पदार्थ सीसे के पात्रों में ही रखे जाते हैं। सीसे से जोड़ लगाये जाते हैं, जिससे कि वस्तु की मजबूती बढ़ती है। दाँत, हड्डियाँ, घुटने, पसलियाँ, नाखून आदि; जिन्हें टूटने पर जोड़ा जा सकता है, ये सब शनि द्वारा शासित होते हैं।

## 8. राहु की दशा

राहु का कोई शरीर नहीं है जिसे हम किसी अन्य ग्रह की तरह किसी आकार या पिण्ड रूप में देख सकें। हिन्दू शास्त्रों के अनुसार राहु तथा केतु एक ही शरीर के दो भाग हैं। भारतीय ऋषि, जो वस्तुतः बहुत अधिक ज्ञानी थे, अनुसन्धानकर्त्ता व खगोलशास्त्री थे, उन्होंने इन छायाग्रहों के प्रभाव का बहुत ही सूक्ष्मता से अध्ययन किया था। विज्ञान उस समय, आज के विज्ञान से बहुत अधिक आगे था।

जैसे-जैसे समय बीता, विज्ञान का क्षय होता चला गया और विज्ञान व ज्योतिष में समन्वय के अभाव में अर्वाचीन ज्योतिष द्वारा राहु-केतु के संबंध में कोई भी दमदार व सार्थक व्याख्या नहीं की जा सकी।

**लक्षण तथा प्रतीक :** प्रणय सम्बन्ध, बुरे विचार, दूसरी जाति का, दो विवाह, अत्यधिक धीमापन, नितम्ब, शरीर के किसी भाग का कटना या काटा जाना (Amputation), महामारी, खाँसी, फोड़े, पेट में वायु का प्रकोप होना, असहनीय दर्द, रेडियो, एरियल, दक्षिण-पश्चिम दिशा, लोहा, गोमेद, मूली, नारियल, हलवा, शराब, मांस, अण्डा, तले हुए पदार्थ, सर्प, मच्छर, खटमल, आविष्कारकर्त्ता, दैवज्ञ, गुप्तचर इत्यादि।

यदि हम ज्योतिष के समुद्र में और अधिक गोता लगायें, तो विदित होगा कि हमने दो अदृश्य छाया ग्रहों का अस्तित्त्व ज्योतिष में इन्हीं दो किरणों के कारणवश माना है। ये दोनों किरणें अर्थात् पराबैंगनी किरणें व अवरक्त किरणें अदृश्य हैं। प्रिज्म के माध्यम से हमें इन तरंगों की तरंग-दैर्घ्य का ज्ञान होता है। वे दो बिंदु, जहाँ पर चंद्रमा पृथ्वी की कक्षा को काटता है, वहाँ पर विशेष प्रकार की तरंगें बनती हैं, जिन्हें हम पराबैंगनी तरंग तथा अवरक्त तरंग कहते हैं। प्राचीन भारतीय वैज्ञानिकों ने इन तरंगों के प्रभाव को पहले ही जान लिया था। ये ही तरंगें भूकम्प लाती हैं तथा इन्हीं के प्रभाववश वातावरण में आकस्मिक परिवर्तन आते हैं। हमें पराबैंगनी तरंग, वह स्थान, जहाँ चंद्रमा पृथ्वी की कक्षा को काटता है, से भी प्राप्त होती है।

वास्तव में इस स्थान को काटने के कारण, एक विशेष प्रकार की तरंग चंद्रमा के घर्षण से बनती है, वह पृथ्वी पर आती है। इस प्रकार प्रकाश के माध्यम से पराबैंगनी किरण हमें प्राप्त होती है। यथार्थ में पराबैंगनी किरणों का अधिकांश भाग 'ओजोन' परत द्वारा अवशोषित कर लिया जाता है। एक्स किरणों में बहुत छोटी तरंग-दैर्घ्य होती है, परन्तु इनकी भेदन शक्ति अत्यधिक होती है और बहुत ही गहरा प्रभाव डालती है। यदि एक्स किरणों का मानवीय ऊतकों पर लम्बे समय तक प्रभाव पड़े, तो यह उन्हें बहुत अधिक हानि पहुँचा सकती है। रेडियोलॉजिस्ट या अन्य तकनीशियन, जो एक्स-रे मशीनों के निरन्तर संपर्क में रहते हैं, वे विकिरण के उच्च हानिसंभावित क्षेत्रों (हाई रिस्क एरिया) में आते हैं।

यदि हम किसी अस्पताल में जायें, तो हम देखेंगे कि एक्स-तरंग तथा गामा-तरंग के अलग विभाग हैं। जहां एक्स-रे की मशीन का प्रयोग होता है,

उस कमरे की दीवार, नियमानुसार, 9 इंच मोटी कंकरीट की होनी चाहिये और इसके वायुरोधक दरवाजों और खिड़कियों पर 0.6 मि.मी. सीसे की परत होनी चाहिए ताकि विकिरण उस कक्ष से बाहर ना जा सकें जिस कक्ष में एक्स-रे या गामा-रे की मशीन को रखा गया है। इसी प्रकार वे व्यक्ति, जो इन मशीनों पर कार्य करते हैं, उन्हें सीसा तथा रबड़ के वस्त्र (लैड-रबर-एप्रन), हाथ में चमड़े के मोटे दस्ताने तथा आँखों पर विशेष प्रकार का चश्मा लगाकर अपनी सुरक्षा करनी चाहिए।

रसायनशास्त्रियों ने गुप्त निशान $\Omega$ राहु का माना है। ज्योतिष में राहु को ठग और एक कूटनीतिज्ञ कहा गया है। यह कहना बहुत कठिन है कि एक कूटनीतिज्ञ का व्यवहार किस प्रकार का होगा। अब हम एक्स किरणों के आगे जाकर देखेंगे, कि हम पर गामा किरणों का क्या प्रभाव पड़ता है?

1.  नाभिकीय विकिरण, जैसे गामा किरणें कोशिका की कोशिका झिल्ली (Cell Membrane) को नष्ट कर देती हैं।

2.  रक्त कैंसर तथा विभिन्न कैंसर उत्पन्न कर सकती हैं।

3.  कोशिका विभाजन में गड़बड़ी (Warted Cell Division) उत्पन्न कर देती हैं।

4.  जीनों तथा गुणसूत्रों को हानि पहुंचाती हैं।

5.  ऊतकों, कोशिकाओं तथा रक्त-कणिकाओं को नष्ट कर देती हैं।

वे व्यक्ति, जो कैंसर के रोगियों की चिकित्सा के लिये गामा किरणों की मशीन पर कार्य करते हैं, वे उच्च हानि-संभावित श्रेणी (हाई रिस्क कैटेगरी) में आते हैं।

## 9. केतु की दशा

केतु का सम्बन्ध धर्म, मोक्ष तथा आध्यात्मिक उत्थान से है। केतु का बाह्य स्वरूप लाल तथा भयानक आकृति वाला, विषैली जीभ, धुएं जैसा रंग तथा पतला-दुबला बताया गया है।

**लक्षण तथा प्रतीक :** झगड़ालू स्वभाव, ठगी, चुगलखोर, गुप्त रूप से हानि पहुँचाने की प्रवृत्ति, हत्या, काबुली चना, लहसुनिया, ईसाई, दार्शनिक, गुप्त-विद्या विशेषज्ञ, दैवज्ञ, हिंजड़ा, साधु-संत आदि केतु ग्रह द्वारा शासित होते हैं।

**ग्रीन हाउस प्रभाव :** पराबैंगनी किरणों, दृश्य प्रकाश तथा अवरक्त किरणों से युक्त सूर्य का प्रकाश जब वायुमंडल के शीर्ष भाग पर पड़ता है, तो सर्वप्रथम लगभग

सभी हानिकारक पराबैंगनी किरणों को ओजोन परत अपने में अवशोषित कर लेती है। दृश्य प्रकाश किरणें तथा अवरक्त किरणें तब कार्बन–डाई–ऑक्साइड की परत को पार कर पृथ्वी की सतह पर आतीं हैं। सूर्य से आने वाली अवरक्त किरणें लम्बी तरंग–दैर्घ्य की होती हैं और कार्बन–डाई–ऑक्साइड की परत से आसानी से गुजर जाती हैं। ये किरणें भूमि तथा इसकी सतह पर स्थित विभिन्न संरचनाओं को गर्म कर देती हैं। भूमि तथा इस पर पड़े अन्य पदार्थ गर्म होकर अदृश्य लाल किरणों (अवरक्त किरणों) को उत्सर्जित करने लगते हैं। परंतु चूँकि पृथ्वी तथा उस पर पड़े पदार्थ, कम गर्म होते हैं, अतः वे छोटी तरंग–दैर्घ्य वाली अवरक्त किरणों को उत्सर्जित करते हैं। पृथ्वी की सतह से उत्सर्जित छोटी तरंग–दैर्घ्य वाली इन अवरक्त किरणों के कार्बन–डाई–ऑक्साइड की परत को पार न कर पाने और फलतः पृथ्वी का तापमान बढ़ जाने की क्रिया को 'ग्रीन हाउस प्रभाव' कहते हैं।

अवरक्त किरणों का प्रयोग अधिक दूरी की फोटोग्राफी में किया जाता है। अब लगभग 100 कि.मी. दूर स्थित पर्वतों की भी स्पष्ट तस्वीरें ली जा सकती हैं, यदि अवरक्त किरण संवेदी विशिष्ट फोटोग्राफिक प्लेट से युक्त कैमरे में ऐसा 'फिल्टर' लगा दिया जाये, जो अवरक्त किरणों को ही गुजरने दे तथा अन्य सभी किरणों को रोक ले। इसका कारण यह है, कि साधारण प्रकाश की तुलना में, लम्बी तरंग–दैर्घ्य वाली अवरक्त किरणें वायुमंडल में उपस्थित वायु के अणुओं और धूल के कणों के कारण उनके पथ से विशेष विचलित और प्रभावित नहीं होतीं। इस प्रकार के अनुसन्धानों के उपरान्त ही रेडियो तरंगों की खोज हुई, जो विद्युत चुंबकीय तरंगों के स्पैक्ट्रम में अवरक्त तरंगों के क्षेत्र के बाद आती हैं। रेडियो इन्हीं रेडियो तरंगों के कारण कार्य करता है।

**संबंध अन्वेषण एवं समन्वय :** उपरोक्त विवरण के द्वारा यह प्रत्यक्षतः सिद्ध होता है कि अवरक्त तरंगों में उष्णताकारक गुण होते हैं। पहले बताया गया है कि केतु लालिमा युक्त, भयानक आकृति वाला है, जिसकी जिह्वा विषैली होती है तथा जो पतला–दुबला होता है। अवरक्त तरंगें अधिक भेदन–शक्ति युक्त होती हैं और मुड़ती नहीं है। वे मंगल के गुणों को अधिक शक्तिशाली रूप में दर्शाती हैं तथा झगड़ों, धोखेबाजी, षड्यंत्रों व दुष्ट प्रवृत्तियों के लिए उत्तरदायी होती हैं, अतः अवरक्त को "कुजःवत केतु" कहा गया है। केतु अदृश्य है, वह अवरक्त किरणों का स्वामी है, जो कि दृश्य लाल स्पैक्ट्रम के बाद आती हैं। पहला नक्षत्र (अश्विनी) केतु का होता है तथा संसार में एक स्थूल शरीर में आने से पूर्व सूक्ष्म शरीर

अदृश्य होता है और यह स्थूल शरीर मोक्ष प्राप्ति के प्रयास में संलग्न रहता है।

ज्योतिष शास्त्र के अनुसार भिन्न-भिन्न ग्रहों का संबंध भिन्न-भिन्न पौधों से होता है—

सूर्य (sun) - अर्क (आक), चंद्रमा (moon) - पलाश (ढाक),

मंगल (mars) - खदिर (खैर), बुध (mercury) - अपामार्ग (लटजीरा),

बृहस्पति (jupiter) - पीपल (पिप्पल), शुक्र (venus) - ऑडुम्बर (गूलर),

शनि (saturn) - शमी (छयोंकर), राहु (rahu) - दूर्बा (दूब),

केतु (ketu) - कुश

हमारे ग्रहों की हम पर कृपा-दृष्टि बनी रहे तथा घर परिवार में सुख-शांति रहे एवं धन-वैभव में कभी कमी न आए, इसके लिए हमें अपने देवताओं और ग्रहों की प्रार्थना करनी चाहिए—

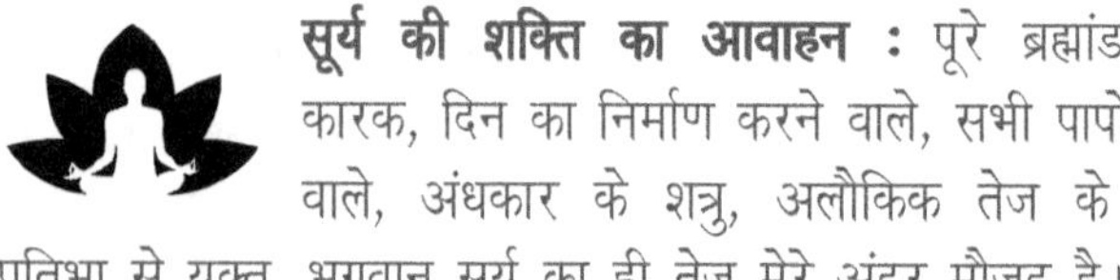

**देवाधिदेव गणेश जी की शक्ति का आवाहन :** चंद्रमा के समान कांतिमान मुख वाले, सूर्य के प्रिय तथा सभी देवों के देव गणेश जी की ब्रह्मांडीय शक्ति को मैं अपने अंदर समावेशित कर रहा हूँ। मेरे अंदर मौजूद यह शक्ति मेरे जीवन की सारी विघ्न-बाधाओं को दूर कर रही है।

**नवग्रहों की शक्ति का आवाहन :** सूर्य, चंद्र, मंगल, बुध, गुरु, शुक्र, शनि, राहु तथा केतु सभी नौ ग्रहों के सकारात्मक प्रभाव को मैं अपने शरीर में महसूस कर रहा हूँ। उनकी सकारात्मक शक्ति मेरे सभी कार्यों को सफलता के शिखर पर ले जाने में मेरी सहायता कर रही है।

मेरे अंदर मौजूद इन नौ ग्रहों की शक्ति मेरे दिन का प्रारंभ अच्छी प्रकार से करती है तथा मेरा पूरा दिन शुभ बनाती है। नौ ग्रहों की यह शक्ति मेरे सभी कार्यों को सफल बना रही है।

**सूर्य की शक्ति का आवाहन :** पूरे ब्रह्मांड की सृष्टि के कारक, दिन का निर्माण करने वाले, सभी पापों का नाश करने वाले, अंधकार के शत्रु, अलौकिक तेज के स्वामी, असीम प्रतिभा से युक्त, भगवान सूर्य का ही तेज मेरे अंदर मौजूद है। मैं अपने अंदर सूर्य का तेज महसूस कर रहा हूँ जिसके कारण पाप तथा अज्ञान का अंधकार मेरे पास नहीं आ सकता।

**चंद्रमा की शक्ति का आवाहन :** मैं अपने अंदर श्वेत शैल के समान शीतल कांति वाले, क्षीर-सागर से उत्पन्न होने वाले, शिवजी के मुकुट की शोभा बढ़ाने वाले चंद्रमा की शीतलता को

महसूस कर रहा हूँ। चंद्र ग्रह की शीतलता मेरे अंदर के सारे रोग, शोक और संतापों को दूर करती है। मैं स्वयं को चिंता-मुक्त, तनाव-रहित और शांत महसूस करता हूँ।

**मंगल की शक्ति का आवाहन :** मैं पृथ्वी-पुत्र, विद्युत के समान कांतिमान, परम शक्तिशाली, युवा मंगल की शक्ति को अपने अंदर महसूस कर रहा हूँ। मंगल ग्रह की शक्ति मुझे अपने कार्यों को उत्साह पूर्वक करने के लिए प्रेरित करती है। मैं अनुभव करता हूँ कि यह शक्ति जीवन के प्रत्येक क्षेत्र में मेरा कल्याण करेगी तथा प्रत्येक कार्य में मेरा मार्गदर्शन करेगी।

**बुध की शक्ति का आवाहन :** श्याम वर्ण, अनुपम सौंदर्य से युक्त, विनम्र एवं प्रिय बुध ग्रह की शक्ति असीमित बुद्धि एवं विवेक मेरे अंदर समाहित है। बुध ग्रह की यह शक्ति मुझे जीवन के हर कदम पर आगे बढ़ाने के लिए मेरी बुद्धि को प्रेरित करती है तथा विवेक पूर्ण निर्णय लेने की क्षमता प्रदान करती है।

**गुरु (बृहस्पति) की शक्ति का आवाहन :** गुरु ने मुझे अपना ज्ञान देकर अपने ही समान ज्ञानवान बनाया है। गुरु की यह शक्ति हमेशा मेरे साथ रहती है तथा जीवन-यात्रा में हर कदम पर मेरा मार्गदर्शन करती है। जब भी मुझे कोई बाधा या समस्या आती है तो गुरु की यह अदृश्य शक्ति उस बाधा या समस्या को दूर करने में मेरी सहायता करती है। गुरु द्वारा प्रदत्त ज्ञान की यह अपार शक्ति मेरे पास ऐसा अमोघ शस्त्र है जिससे मैं मजबूत से मजबूत जाल को भी काट सकता हूँ।

**शुक्र की शक्ति का आवाहन :** दैत्यों के सर्वश्रेष्ठ गुरु, संपूर्ण ज्ञान को उत्पन्न करने वाले, चमेली की भाँति श्वेत तथा सुगंधित शुक्र ग्रह की शक्ति को मैं अपने अंदर महसूस करता हूँ। यह शक्ति मुझे सकारात्मक ज्ञान की ऊर्जा से परिपूर्ण कर रही है। शुक्र ग्रह की यह शक्ति मेरे अंदर की आसुरी प्रवृत्तियों को दमन करने में मेरी सहायता करती है।

**शनि की शक्ति का आवाहन :** सूर्य की छाया से उत्पन्न, सूर्य के पुत्र तथा काले काजल की आभा वाले, यम के बड़े भाई, धीमी गति वाले शनि की शक्ति मुझे बड़े से बड़े संकट का सामना करने की प्रेरणा देती है तथा उस संकट से उबरने का साहस प्रदान करती है। शनि ग्रह की यह शक्ति मेरे जीवन के मार्ग को सरल तथा सुगम बनाती है।

**राहु की शक्ति का आवाहन :** अर्ध शरीर वाले, अत्यधिक पराक्रमी, चंद्रमा तथा सूर्य को भी निस्तेज करने वाले तथा सिंहिका के गर्भ से उत्पन्न होने वाले राहु की शक्ति को मैं अपने अंदर महसूस कर रहा हूँ। इस शक्ति के द्वारा मैं अपने सामने आने वाली तथा मेरा मार्ग रोकने वाली बड़ी से बड़ी बाधा को भी मैं दूर कर सकता हूँ।

**केतु की शक्ति का आवाहन :** पलाश के पुष्प की आभा वाले, रक्त वर्ण, ग्रहों तथा नक्षत्रों में श्रेष्ठ भयानक एवं डरावने दिखायी देने वाले केतु की शक्ति को मैं अपने अंदर महसूस कर रहा हूँ। यह शक्ति मुझे अपने मार्ग में आने वाली विघ्न-बाधाओं को दूर करने की क्षमता प्रदान कर रही है तथा यह अदृश्य शक्ति उन बाधाओं को आने से पहले ही दूर कर देती है।

**गायत्री की शक्ति का आवाहन :** मैं उस प्राणस्वरूप, दुःख नाशक, सुख स्वरूप, श्रेष्ठ, तेजस्वी, पापनाशक, देवस्वरूप परमात्मा को अपनी अंतरात्मा में धारण कर रहा हूँ। वह ईश्वर मेरी बुद्धि को सन्मार्ग पर चलने के लिए प्रेरित कर रहा है। मेरे अंदर मौजूद उस सर्वशक्तिमान परमात्मा का अंश मुझे इस विश्व के सम्पूर्ण सुख-ऐश्वर्य को प्राप्त करने की प्रेरणा देता है।

★ ★ ★

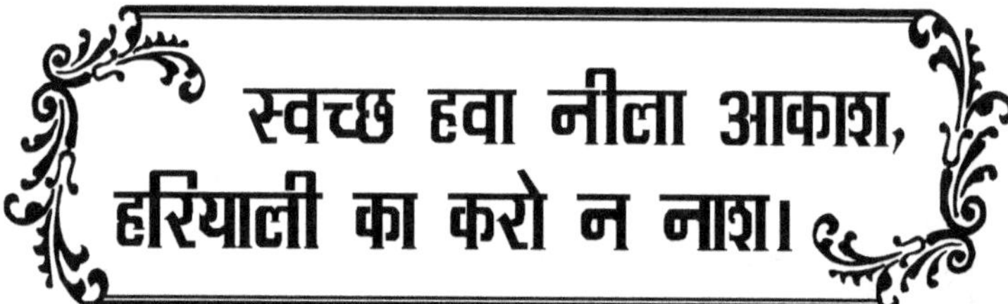

# ग्रह एवं राशियाँ

**रा** शियों का निर्माण सूर्य से ग्रहों की दूरी के आधार पर होता है, क्योंकि सौर-मंडल में सूर्य की स्थिति से ग्रहों की दूरी में परिवर्तन होता रहता है। अतः कुंडली में समय के अनुसार राशियों के स्थान में भी परिवर्तन होता रहता है। भिन्न-भिन्न राशियों के स्वामी अलग-अलग ग्रह होते हैं, जो अपनी स्थिति के अनुसार उस राशि के व्यक्ति के जीवन-काल को प्रभावित करते रहते हैं। राशियों की संख्या 12 होती है, जिन्हें उनकी क्रम-संख्या के द्वारा भी दर्शाया जाता है। अंकों के आधार पर यह बताया जा सकता है कि उस अंक की राशि का क्या नाम है। प्रत्येक राशि का स्वामी (ग्रह) भी निश्चित होता है।

**उत्तरायण एवं दक्षिणायन की राशियाँ :** भौगोलिक स्थिति के आधार पर पृथ्वी दो गोलार्द्धों में विभाजित है, 1. उत्तरी गोलार्द्ध, तथा 2. दक्षिणी गोलार्द्ध। विषुवत् वृत्त के उत्तर (उत्तरी गोलार्द्ध) में स्थित होने के कारण राशि-चक्र की प्रथम छः राशियों मेष, वृष, मिथुन, कर्क, सिंह, कन्या को उत्तरायण की राशियाँ कहा जाता है, तथा शेष छः राशियों, तुला, वृश्चिक, धनु, मकर, कुम्भ, मीन को विषुवत् वृत्त के दक्षिण (दक्षिणी गोलार्द्ध) में स्थित होने के कारण दक्षिणायन की राशियाँ कहा जाता है।

राशियाँ संख्या में कुल 12 होती हैं। वे विभिन्न ग्रहों द्वारा शासित होती हैं। राशियों तथा उनके स्वामियों का विवरण नीचे दिया जा रहा है। उत्तर भारतीय पद्धति में जन्मपत्री में अंक लिखे होते हैं। अंक राशि के क्रमानुसार होते हैं। पहली

राशि मेष होती है। इसके लिए 1 अंक का प्रयोग होता है। यह उसी प्रकार है, जैसे अगस्त मास को दशनि के लिये 8 का अंक प्रयोग करते हैं। राशियों के क्रम के अनुसार अंक बढ़ते जाते हैं। राशियां 12 होती हैं, अतः ये अंक एक से बारह तक होते हैं। अंक बताते हैं, कि राशि का क्या नाम है। ये इस प्रकार हैं :

| राशि | अंक | राशि चिन्ह | स्वामी | स्वामी का चिन्ह |
|------|-----|-----------|--------|----------------|
| मेष | 1 | ♈ | मंगल | |
| वृष | 2 | ♉ | शुक्र | |
| मिथुन | 3 | ♊ | बुध | |
| कर्क | 4 | ♋ | चंद्रमा | ☽ |
| सिंह | 5 | ♌ | सूर्य | ☉ |
| कन्या | 6 | ♍ | बुध | |
| तुला | 7 | ♎ | शुक्र | |
| वृश्चिक | 8 | ♏ | मंगल | ♂ |
| धनु | 9 | ♐ | बृहस्पति | ♃ |
| मकर | 10 | ♑ | शनि | ♄ |
| कुम्भ | 11 | ♒ | शनि | ♄ |
| मीन | 12 | ♓ | बृहस्पति | ♃ |

## राशियों के विभिन्न गुण-दोष

यदि हम इनको स्मरण करने का प्रयत्न करेंगे, तो हमारे स्मरण करने की एक सीमा है। अतएव यदि हम राशियों के गुण-दोषों को तर्क के आधार पर स्मरण करें, तो हमें कभी भी कठिनाई नहीं होगी। इस प्रकार हमें मस्तिष्क पर अधिक जोर नहीं देना पड़ेगा तथा यह समस्त सूचना हमें स्वतः ही याद रहेगी। अतः तर्क के आधार पर विभिन्न राशियों के गुण-दोषों को स्मरण करना ज्यादा उपयुक्त है।

उदाहरण के लिए हम मेष राशि को लेते हैं। यदि हम मेष का ज्योतिषीय प्रतीक देखें, तो उसका स्वरूप 'भेड़ है। भेड़ का कद छोटा होता है। इसका माथा बहुत उठा हुआ होता है, तुलनात्मक रूप से इसकी ठोढ़ी छोटी होती है। इसकी चार टाँगें होती हैं। पिछले पृष्ठों में हमने राशियों की विभिन्न दिशाएं, उनका तत्त्व, तथा तत्त्व ज्ञात करने का नियम भी बताया है। इनकी प्रकृति यथा पृष्ठोदय,

शीर्षोदय या उभयोदय भी समझाई है। मेष की दिशा पूर्व है, यह पुरुष राशि है, इसका तत्त्व अग्नि है। सभी पुरुष राशियां क्रूर मानी जाती हैं, अतः यह भी एक क्रूर राशि है। इसी प्रकार यह चर, विषम तथा पृष्ठोदय राशि है तथा इसके लग्न का समय कम है।

हम यदि भेड़ के रहने के स्थान का अध्ययन करें, तो हम देखते हैं, कि भेड़ हरियाली वाले स्थान पर, पहाड़ी क्षेत्र में, झाड़ियों में आदि स्थानों पर मिलती है। इसी प्रकार किसी भी राशि के प्रतीक के आधार पर हम उसके निवास-स्थान के विषय में जान सकते हैं।

**1. मेष (नाम अक्षर - चू, चे, चो, ला, ली, ले, लू, लो, अ)** : इस राशि के जातकों के लिए मंगल, रवि व गुरु शुभ दिन होते हैं तथा 9, 18 व 27 शुभ तिथियाँ होती हैं। यह पुरुष है, चर, अग्नितत्त्वमय, चतुष्पद, कम समय वाली तथा पृष्ठोदय राशि है। यह पूर्व दिशा को शासित करती है तथा 0 अंश से 30 अंश तक होती है। यह मंगल की मूल त्रिकोण

राशि है। इस राशि में सूर्य उच्च का होता है और शनि नीच का। मेष लग्न का स्वामी मंगल होता है, अतएव मेष लग्न वाले व्यक्ति मंगल की प्रकृति के होते हैं। वे जिद्दी, दृढ़ इच्छाशक्तियुक्त तथा उग्र स्वभाव वाले होते हैं। जब लग्न में मेष राशि का उदय होता है, तो शारीरिक लक्षण मंगल से और मेष राशि के प्रतीक चिन्ह मेढ़े से मेल खाते हैं। अर्थात् ऐसे व्यक्ति का सिर कनपटियों पर से चौड़ा होता है और ठोड़ी पर से छोटा होता है। स्मरण रहे, कि ये प्रकृति साधारण रूप में पाई जाती है। अन्य ग्रहों के लग्न (मेष) या इसके स्वामी मंगल पर प्रभाववश प्रकृति, आकृति, स्वभाव में परिवर्तन सम्भव है। अतः प्रकृति का निर्णय करने से पूर्व इनका ध्यान रखना आवश्यक है। कमजोर मंगल वाला व्यक्ति प्रदाह रोगों (Inflammatory Diseases) व मंगल संबंधित अन्य रोगों से पीड़ित हो सकता है। इस लग्न वाले व्यक्ति के रहने का स्थान हरे खेत, छोटी पहाड़ियां, छोटी झाड़ियाँ तथा छोटी खानें हैं। इनका कद छोटा होता है, माथा चौड़ा होता है, आँखें तेजस्वी होती हैं। गर्दन शक्तिशाली तथा शरीर पुष्ट होता है।

## मेष राशि (Aries) का वृक्ष : विजयसार।

मेष राशि (Aries) के व्यक्तियों के द्वारा विजयसार का वृक्ष लगाने से ग्रहों की शांति होती है तथा जीवन में सुख-समृद्धि प्राप्त होती है।

वृक्ष नाम : विजयसार

वैज्ञानिक नाम : टिरोकॉरपस मारसुपीयम (Pterocarpus marsupium)

शुभ दिन : मंगल, रवि, गुरु

शुभ तिथि : 9, 18, 27

शुभ नग : पुखराज, मूँगा

प्रमाण देकर कह रहे, सारे वेद पुराण।
अपना राशि-वृक्ष ही, होता है भगवान।।

2. वृष (नाम अक्षर – ई, उ, ए, ओ, वि, वु, वे, व) : इस राशि के जातकों के लिए बुध, गुरु तथा शनि शुभ दिन होते हैं तथा 6, 15 व 24 शुभ तिथियाँ होती हैं। यह स्त्री, स्थिर, भूमितत्त्वमय, चतुष्पद, कम समय वाली, तथा पृष्ठोदय राशि है। यह दक्षिण दिशा को शासित करती है तथा 30 अंश से 60 अंश तक होती है। इसका स्वामी शुक्र है, अतएव इसमें शुक्र ग्रह के अनुरूप ही गुण होते हैं। अर्थात् ये

व्यक्ति बहुत ही मधुरभाषी और अच्छे स्वभाव वाले होते हैं। इस राशि में चंद्रमा तथा राहु उच्च के होते हैं तथा केतु इस राशि में नीच का होता है।

जब वृष राशि का लग्न में उदय होता है, तो शरीर की आकृति शुक्र के अनुरूप होती है। उसकी आकृति बैल के अनुरूप अर्थात् छोटा कद, चौड़ा ललाट, बलिष्ठ गर्दन तथा विकसित शरीर होता है। उस व्यक्ति का स्वास्थ्य, लग्न पर या लग्न के स्वामी शुक्र पर क्रूर एवं शुभ ग्रहों के प्रभाव पर निर्भर करता है। साधारणतः वृष लग्न में जन्में व्यक्ति शुक्र के गुणों को दर्शाते हैं। इस लग्न वाले व्यक्ति का निवास स्थान खेत, चरागाह, मैदान, कृषि भूमि, घास वाले नम स्थान तथा गौशाला होती है।

### वृष राशि (Taurus) का वृक्ष : चितवन।

इस राशि के व्यक्तियों के लिए चितवन का वृक्ष लगाना जीवन में खुशहाली लाता है एवं ग्रहों के कुप्रभावों को दूर करता है।

वृक्ष नाम : चितवन

वैज्ञानिक नाम : एलस्टोनिया स्कोलेरिस (Alstonia Scholaris)

शुभ दिन : बुध, गुरु, शनि

शुभ तिथि : 6, 15, 24

शुभ नग : हीरा, पन्ना, नीलम

वृक्ष हमारे देव हैं, नमन करें हर बार।
अपना राशि वृक्ष ही, करता बेड़ा पार।।

**3. मिथुन (नाम अक्षर – क, की, को, घ, ङ, छ, के, ह) :** रवि, बुध तथा शुक्र इस राशि के जातकों के लिए शुभ दिन एवं 5, 14 व 23 शुभ तिथियाँ होती हैं। यह पुरुष राशि, वायु, द्विस्वभाव, दो पैर वाली, मध्यम समय वाली तथा शीर्षोदय राशि है। ये पश्चिम दिशा को शासित करती है तथा 60 से 90 अंश तक होती है। बुध इस राशि का स्वामी है। बुध एक व्यापारी है तथा

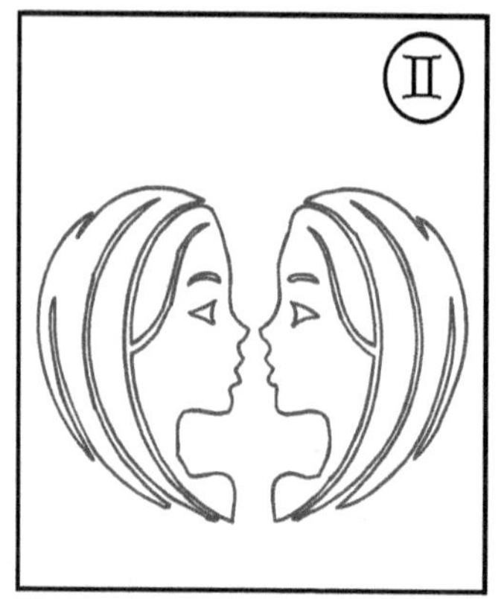

मिथुन लग्न में जन्में व्यक्ति अपनी वाक्पटुता के कारण सफल व्यापारी, अच्छे विक्रेता तथा 'ट्रेवल एजेन्ट' होते हैं। जब लग्न में यह राशि आती है, तो शारीरिक बनावट 'बुध' से मेल खाती है। अर्थात् इनके हाथ लम्बे, चेहरा लम्बा तथा नाक व ठोड़ी लम्बे होते हैं। ये हाजिर-जवाब, किन्तु शीघ्र घबरा जाने वाले तथा अस्थिर-स्वभाव के होते हैं। निर्णय देने से पूर्व लग्न पर या इसके स्वामी बुध पर शुभग्रहों व पापग्रहों का प्रभाव अवश्य देख लेना चाहिये। मिथुन लग्न के जातक के रहने का स्थान वेश्यालय, क्रीड़ास्थल, नृत्यशाला, क्लब, सिनेमा हॉल तथा घूत-क्रीड़ा संबंधित स्थान हैं।

## मिथुन राशि (Gemini) का वृक्ष : चम्पा।

चम्पा का पौधा लगाना मिथुन राशि के व्यक्तियों के लिए शुभ होता है। चम्पा का पौधा लगाने से मिथुन राशि के व्यक्तियों को सुख-समृद्धि प्राप्त होती है तथा ग्रह-दोष दूर होते हैं।

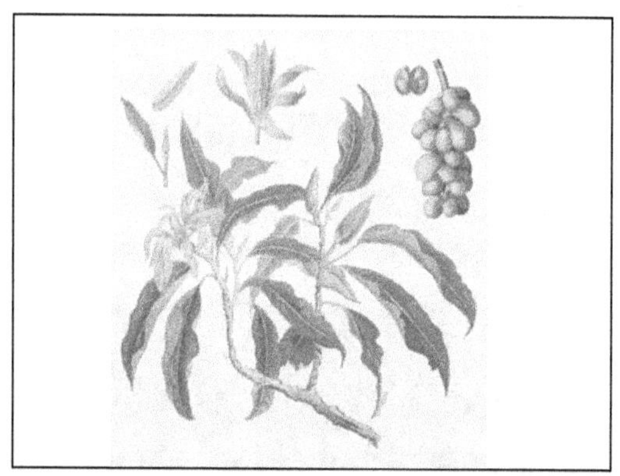

**वृक्ष नाम** : चम्पा

**वैज्ञानिक नाम** : माइकेलिया चम्पाका (Michelia Champaca)

**शुभ दिन** : रवि, बुध, शुक्र

**शुभ तिथि** : 5, 14, 23

**शुभ नग** : पन्ना, हीरा, मानिक

**राशि वृक्ष की महिमा, जाने जो इंसान।**

**संकट ऊबरे आपने, मिल जाए वरदान।**

**4. कर्क (नाम अक्षर – हि, हू, हे, हो, ड, डी, डू, डे) :** इस राशि के जातकों के लिए शुभ दिन सोम, बुध तथा शुक्र होते हैं एवं 5, 11 व 20 शुभ तिथियाँ होती हैं। यह एक स्त्री राशि, जलीय, पृष्टोदय, मध्यम समय की राशि है। यह उत्तर दिशा का प्रतिनिधित्त्व करती है तथा 90 से 120 अंश तक होती है। इस राशि में गुरु उच्च का होता है और मंगल नीच का। इसका स्वामी चंद्रमा है। कर्क राशि वाले व्यक्ति के शारीरिक लक्षण चंद्रमा के लक्षणों से मेल खाते हैं।

इनका चेहरा गोल, गाल भरे-भरे, छाती चौड़ी तथा हाथ व पैर छोटे-छोटे होते हैं। इनका कद औसत होता है, लेकिन मस्ती में चलते हैं।

जलीय राशि होने के कारण संबंधित जातक का वजन अधिक होता है। कमजोर चंद्रमा वाले कर्क लग्न के जातक को चंद्रमा संबंधित रोगों से पीड़ित होना पड़ सकता है। इनके रहने का स्थान रेतीला, जलीय क्षेत्र, तालाब, देवालय तथा वह स्थान होता है, जहाँ महिलायें रहतीं हैं।

**कर्क राशि (Cancer) का वृक्ष : अशोक।**

अशोक का वृक्ष कर्क राशि के व्यक्तियों के लिए शुभ फलदायक होता है। इस वृक्ष के लगाने से कर्क राशि के व्यक्तियों के परिवार में हर प्रकार से सुख-शांति रहती है।

वृक्ष नाम : अशोक

वैज्ञानिक नाम : सराका इण्डिका (Saraca Indica)

शुभ दिन : सोम, बुध, शुक्र

शुभ तिथि : 2, 11, 20

शुभ नग : मोती, मूँगा, पुखराज

धर्म कर्म यदि चाहते, बैकुंठ बने ये लोक।

सेवा राशि वृक्ष की, सुधारे लोक परलोक।।

5. सिंह (नाम अक्षर – म, मी, मू, मे, मो, ट, टी, टू, टे) : रवि मंगल व गुरु इस राशि के जातकों के लिए शुभ दिन तथा 1, 10, 19 शुभ तिथियाँ होती हैं। यह पुरुष, अग्नितत्त्वमय, स्थिर, चतुष्पद, लम्बे समय वाली, शीर्षोदय राशि है। यह पूर्व दिशा को शासित करती है तथा 120 से 150 अंश तक होती है। इसका स्वामी सूर्य है। सिंह राशि का स्वामी सूर्य राजा है। अतः यदि लग्न में सिंह राशि का उदय हो व सूर्य शक्तिशाली हो, तो व्यक्ति एक राजा की तरह सभी सुविधाओं और भोगों का उपभोग करता है। इस राशि का प्रतीक चिन्ह सिंह है, अतएव ऐसे व्यक्ति के कंधे चौड़े, शरीर सुदृढ़ तथा बलिष्ठ व अस्थियाँ एवं मांसपेशियाँ बड़ी होती हैं। इनकी कमर पतली होती है, घुटने उभरे हुए, कद लंबा व व्यक्तित्त्व

प्रभावशाली होता है।

इनका निवास स्थान ऊँची या नीची जमीनें, गहन वन, पहाड़ी क्षेत्र, दुर्गम या भयंकर स्थान, आखेट स्थलियाँ, एकांत स्थान तथा श्मशान होते हैं।

### सिंह राशि (Leo) का वृक्ष : पाड़ल।

पाड़ल का वृक्ष लगाकर सिंह राशि के व्यक्ति अपने जीवन में मनवांछित फल प्राप्त कर सकते हैं।

वृक्ष नाम : पाड़ल  
वैज्ञानिक नाम : स्टीरिओस्परममू सुयीवियोलेन्स (Steriospermum Seuviolens)  
शुभ दिन : रवि, मंगल, गुरु  
शुभ तिथि : 1, 10, 19  
शुभ नग : मानिक, मूँगा, पुखराज  

शरीर बना पंचतत्त्व से, इन्हें देते पेड़ महान।  
राशि वृक्ष तो एक है, जो कर दे सारा काम।।

6. कन्या (नाम अक्षर – पा, पी, पू, पो, ष, ण, ढ) : इस राशि के जातकों के लिए रवि, बुध एवं शुक्र शुभ दिन होते हैं तथा 5, 14, 23 शुभ तिथियाँ होती हैं। यह एक स्त्री, भूमितत्त्वमयी, द्विस्वभाव वाली, द्विपद, लंबे समय वाली और शीर्षोदय राशि है। यह दक्षिण दिशा को शासित करती है व 150 से 180 अंश तक होती है। इस राशि में बुध

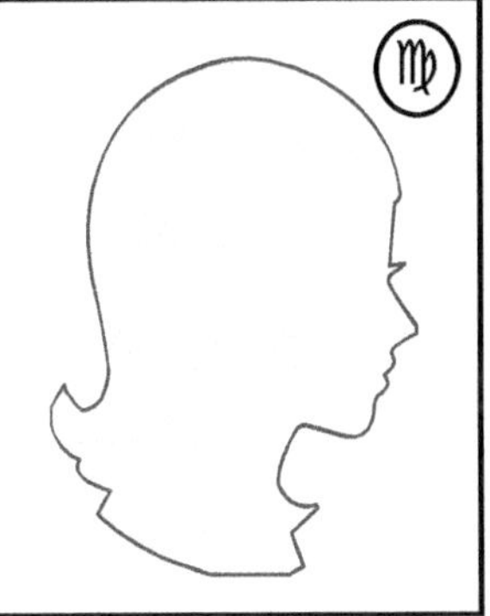

उच्च का होता है। शुक्र इस राशि में नीच का होता है। यह बुध की मूल त्रिकोण राशि है। यदि कन्या राशि लग्न में उदित हो और बुध शक्तिशाली व शुभ भाव में स्थित हो, तो ऐसा व्यक्ति आकर्षक व्यक्तित्त्व वाला व बातूनी, लंबे कद वाला, काले घुंघराले केशों व भौंहों वाला,     सीधी नाक, उभरे हुये ललाट वाला व बुद्धिमान होता है। ऐसा व्यक्ति वाक्पटु, वस्तु विक्रेता सिद्ध होता है तथा नवीन सामग्री के प्रचार-प्रसार के लिए लगातार अधिक यात्रायें करता रहता है। इनका निवास स्थान छविगृह (सिनेमा घर), क्लब, वेश्यालय, जलयान तथा जहाज होते हैं।

## कन्या राशि (Virgo) का वृक्ष : आम।

जीवन में मधुरता लाने के लिए कन्या राशि के व्यक्तियों को आम का वृक्ष लगाना चाहिए। आम का वृक्ष लगाने से कन्या राशि के व्यक्तियों के जीवन में ग्रह-दोष दूर होते हैं तथा परिवार में सुख-शांति बनी रहती है।

वृक्ष नाम : आम

वैज्ञानिक नाम : मैन्जीफेरा इण्डिका  (Mangifera Indica)

शुभ दिन : रवि, बुध, शुक्र

शुभ तिथि : 5, 14, 23

शुभ नग : पन्ना, नीलम, हीरा

माटी का ये शरीर है, बिन तरु रहे बेजान।
**लाखों रूख निहारते, राशि वृक्ष पहचान।।**

7. तुला (नाम अक्षर - रा, री, रू, रे, रो, ता, ती, तू, ते) : इस राशि के जातक बुध, शुक्र, शनि को कोई भी कार्य करें तो शुभ होता है। 6, 15

तथा 24 तिथियाँ शुभ हैं। यह पुरुष राशि, वायुतत्त्वयुक्त, चर व दीर्घ समय वाली है। यह शीर्षोदय राशि है। यह 180 अंश से 210 अंश तक होती है। इसमें सूर्य नीच का होता है तथा शनि उच्च का होता है। यह शुक्र की मूल त्रिकोण राशि है। यदि तुला राशि का लग्न में उदय हो, तो ऐसे व्यक्ति का व्यक्तित्व चुंबकीय, व्यवहार अत्यधिक शालीन होता है। नाक तोते की तरह, चेहरा गोल या अण्डाकार तथा मृदुभाषी होता है। वास्तव में ये शुक्र के गुणों को प्रदर्शित करते हैं। यह स्मरणीय है कि साधारण रूप से पाये जाने वाले तथ्य अन्य ग्रहों के प्रभाववश बदल भी सकते हैं। इसके जातक का निवास स्थान राशि का स्थान बाजार, गली-मोहल्ले तथा 'रेसिंग सेन्टर' हैं।

## तुला राशि (Libra) का वृक्ष : मौलश्री।

तुला राशि के व्यक्तियों को मौलश्री का वृक्ष लगाना चाहिए। मौलश्री का वृक्ष लगाने से तुला राशि के व्यक्तियों के परिवार में खुशहाली आती है तथा जीवन सुखमय रहता है।

**वृक्ष नाम :** मौलश्री

**वैज्ञानिक नाम :** मिमोसॉप्स एलेन्जई (Mimusops elengi)

**शुभ दिन :** बुध, शुक्र, शनि

**शुभ तिथि :** 6, 15, 24

**शुभ नग :** पन्ना, हीरा, नीलम

जीवन हो सुखद सदा, होवें शुद्ध विचार।
राशि-वृक्ष के रोपण से, होगा बेड़ा पार।।

**8. वृश्चिक (नाम अक्षर – ना, नी, नू, ने, नो, य, यी, यू, तो) :** रवि, मंगल तथा गुरु इस राशि के जातकों के लिए शुभ दिन होते हैं एवं 9, 18 तथा 27 शुभ तिथियाँ होतीं हैं। यह स्त्री, स्थिर, जलीय, तथा शीर्षोदय राशि है। यह दीर्घ समय वाली राशि है तथा उत्तर दिशा को शासित करती है। यह 210 अंश से 240 अंश तक होती है। मंगल इस राशि का स्वामी है। इसमें चंद्रमा तथा राहु नीच के होते हैं।

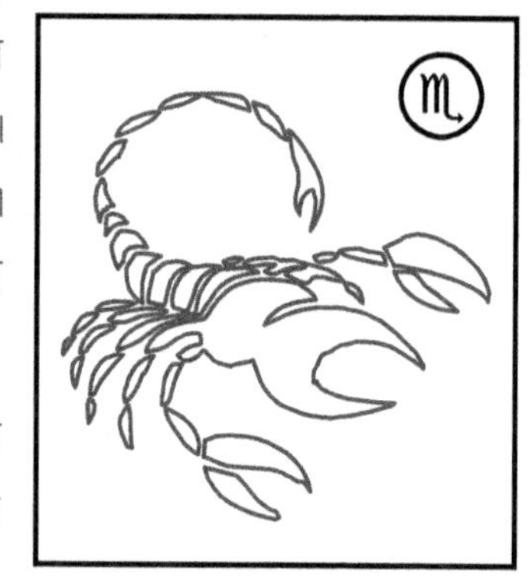

यह गुप्त ज्ञान वाली राशि हैं तथा परा-विज्ञान का ज्ञान कराती है। इनके हाथ-पैर शरीर के अनुपात में, कद औसत, चेहरा चौड़ा तथा व्यक्तित्त्च रौबदार होता है। वे स्वभाव से विनोदी होते हैं तथा रोचक चुटकुले सुनाकर लोगों को प्रसन्न करते हैं, परन्तु स्वयं गम्भीर रहते हैं। ये बिच्छू की ही तरह डंक मारने की प्रवृत्ति द्वारा दूसरों को सताकर, स्वयं आनंद का अनुभव करते हैं। इनका निवास स्थान ऐसा होता है, जहाँ कीड़े रहते हों या जो गड्ढों और सुराखों से युक्त हों अथवा सँकरा या तंग स्थान हो। मानिक, मूँगा, पुखराज शुभ नग होते हैं।

### वृश्चिक राशि (Scorpio) का वृक्ष : ढाक (पलाश)।

ढाक का वृक्ष वृश्चिक राशि के व्यक्तियों के लिए शुभ फलकारक होता है तथा कठिन से कठिन ग्रहों के दुष्प्रभाव से भी उनके जीवन की रक्षा करता है। इसके साथ-साथ उन्हें जीवन में धन-वैभव एवं ऐश्वर्य प्रदान करता है।

**वृक्ष नाम :** ढाक

**वैज्ञानिक नाम :** ब्यूटिया मोनोस्पर्मा (Butea Monosperma)

**शुभ दिन :** रवि, मंगल, गुरु

**शुभ तिथि :** 9, 18, 27

**शुभ नग :** मानिक, मूँगा, पुखराज

रोपें राशि-वृक्ष को, समझें अपना धर्म।

ज्ञानवान तो समझते, राशि वृक्ष का मर्म।।

**9. धनु (नाम अक्षर – ये यो, भ, भी, भू, भ, फ, ढ, भे) :** रवि, मंगल तथा गुरु इस राशि के जातकों के लिए शुभ दिन तथा 3, 12, 21 शुभ तिथियाँ होती हैं। यह एक पुरुष राशि, द्विस्वभाव वाली, अग्नितत्त्वयुक्त, लम्बे समय वाली तथा पृष्टोदय राशि है। यह पूर्व दिशा को शासित करती है तथा 240 अंश से 270 अंश तक होती है।

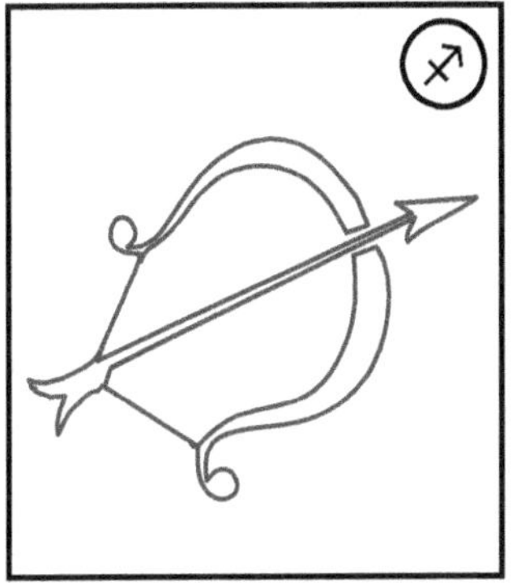

यह गुरु की मूल त्रिकोण राशि है। धनु राशि वाले व्यक्ति का शरीर सुडौल, चेहरा व कद लंबा, आकृति चौड़ी, ललाट बड़ा तथा नाक लंबी होती है। यह भक्ति भाव एवं आध्यात्मिक शक्ति की राशि है, क्योंकि बृहस्पति, जो धर्म-प्रधान ग्रह है, इस राशि का स्वामी है। ऐसे व्यक्ति पूर्वाभास की क्षमता से युक्त तथा भविष्यवक्ता होते हैं। इनका व्यक्तित्व आनुपातिक होता है, लेकिन शुभ ग्रहों या क्रूर ग्रहों का प्रभाव शरीर की आकृति को प्रभावित कर सकता है। यह ध्यान देने योग्य है कि शनि का प्रभाव व्यक्ति को दुबला-पतला बनाता है। इसी प्रकार सूर्य तथा मंगल का प्रभाव भी व्यक्ति

को कृशकाय ही रखता है। बृहस्पति का प्रभाव व्यक्ति को मोटा या स्थूलकाय बना देता है। इनका निवास स्थान अस्तबल, युद्ध के अस्त्र-शस्त्र रखने का स्थान या जहां पर युद्ध के अस्त्र-शस्त्र बनाये जाते हैं, होता है।

### धनु राशि (Sagittarius) का वृक्ष : सेमल।

सेमल का वृक्ष लगाने से धनु राशि के व्यक्तियों का जीवन हर प्रकार से संपन्न रहता है एवं सभी ग्रह उनके अनुकूल रहते हैं।

वृक्ष नाम : सेमल

वैज्ञानिक नाम : बोम्बेक्स सीबा (Bombax Ceiba)

शुभ दिन : रवि, मंगल, गुरु

शुभ तिथि : 3, 12, 21

शुभ नग : पुखराज मानिक

राशि वृक्ष के रोपण से, होता है कल्याण।
ममता उँडेले प्रकृति, माने बहुत एहसान।।

10. मकर (नाम अक्षर - भो, ज, जी, खी, खू, खे, खो, ग, भी) : बुध, शुक्र तथा शनि इस राशि के जातकों के लिए शुभ दिन तथा 8, 17, 26 शुभ तिथियाँ होतीं हैं। यह स्त्री राशि, चर, भूमितत्त्व वाली तथा अल्प समय वाली राशि है। यह दक्षिण दिशा को शासित करती है। यह पृष्ठोदय राशि है तथा 270 अंश से 300 अंश तक होती है। इस राशि में मंगल उच्च का होता है तथा गुरु नीच का होता है।

जब लग्न में मकर राशि उदित हो, तो ऐसे व्यक्ति आकर्षक व्यक्तित्त्व वाले, लम्बी नाक तथा ठोड़ी, मोटी गर्दन, काले या साँवले रंग तथा काले बालों वाले होते हैं। इनका निवास स्थान नदी-तट, समुद्र-तट, वन, एकान्त-स्थान, मकड़ी के जालों के पास तथा पिंजरों के पास होता है।

## मकर राशि (Capricorn) का वृक्ष : शीशम।

शीशम का वृक्ष मकर राशि के व्यक्तियों के जीवन को सफल, सुदृढ़ एवं हरा-भरा बनाता है। इस राशि के व्यक्तियों के लिए शीशम का वृक्ष हर प्रकार से शुभ फल देने वाला होता है तथा जीवन के प्रत्येक क्षेत्र में ग्रहों के कुप्रभाव से उनकी रक्षा करता है।

वृक्ष नाम : शीशम

वैज्ञानिक नाम : डलबरजिया सिसु (Dalbergia Sissoo)

शुभ दिन : बुध, शुक्र, शनि

शुभ तिथि : 8, 17, 26

शुभ नग : पन्ना, हीरा, नीलम

राशि वृक्ष लगाए के, सुधरे भाग्य तकदीर।
जीवन सफल हो जाएगा, बदल जाए तस्वीर।।

11. कुम्भ (नाम अक्षर – गू, गे, गो, स, सी, सू, से, सो) : बुध, शुक्र, शनि इस राशि के जातकों के लिए शुभ दिन होते हैं तथा 8, 17, 26 शुभ तिथियाँ होतीं

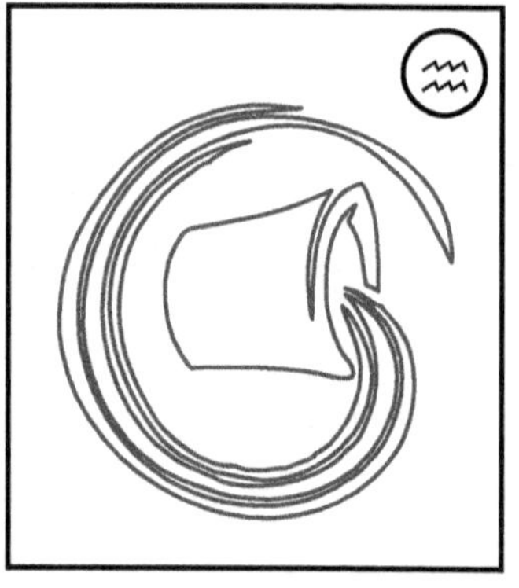

हैं। यह स्त्री राशि, स्थिर स्वभाव की, अल्प समय वाली तथा शीर्षोदय राशि है। यह पश्चिम दिशा को दर्शाती है तथा 300 से 330 अंश तक होती है। यह शनि की मूल त्रिकोण राशि है। इसका प्रतीक चिन्ह गोल घड़े से पानी डालता हुआ व्यक्ति है। कुम्भ राशि वाले व्यक्ति बलिष्ठ एवं सुविकसित शरीर वाले, अण्डाकार चेहरा, सुन्दर गाल तथा सुन्दर छवि एवं आकर्षक लक्षणों वाले होते हैं। इनका निवास स्थान मिट्टी के बर्तनों को रखने का स्थान, झाड़ियाँ, द्यूत-क्रीड़ा एवं वेश्यावृत्ति से संबंधित स्थान होते हैं।

## कुम्भ राशि (Aquarius) का वृक्ष : कदम्ब।

कुम्भ राशि के व्यक्तियों को अपने जीवन-काल में कदम्ब का वृक्ष लगाना चाहिए ताकि उनका परिवार एवं स्वयं उनका जीवन सुख-शांति का अनुभव करे तथा हर प्रकार से सांसारिक सुखों को प्राप्त करे।

**वृक्ष नाम :** कदम्ब

**वैज्ञानिक नाम :** एन्थोसिफेलस कदम्ब (Anthocephalus cadamba)

**शुभ दिन :** बुध, शुक्र, शनि

**शुभ तिथि :** 8, 17, 26

**शुभ नग :** पन्ना, नीलम, हीरा

सबसे पहले लगाइए, राशि-वृक्ष को आज।

दुख संकट आवे नहीं, भाग जाए यमराज।।

**12. मीन (नाम अक्षर – दी, दू, य, थ, झ, ण, दे, दो, च, ची) :** 
मंगल, बुध, गुरु इस राशि के जातकों के लिए शुभ दिन तथा 3, 12, 21 शुभ तिथियाँ होती हैं। यह स्त्री राशि, द्विस्वभाव वाली, जलीय, अल्प समय वाली, उभयोदय व दो पैर वाली है। यह उत्तर दिशा को शासित करती है तथा 330 अंश से 360 अंश तक होती है। इसका स्वामी बृहस्पति है। इसमें शुक्र उच्च का होता है और बुध नीच का होता है। इस राशि के प्रतीक चिन्ह में दो मछलियाँ हैं, जिसमें एक का मुख उत्तर तथा दूसरी का दक्षिण की ओर है। यह राशि चक्र की बारहवीं व अन्तिम राशि है तथा आध्यात्मिक शक्ति व गुप्त ज्ञान की राशि है। यह मोक्ष या निर्वाण की भी द्योतक राशि है। इस राशि वाले व्यक्ति छोटे कद के, छोटे हाथ-पैरों वाले, भरे-भरे चेहरे तथा रेशमी व मुलायम बालों वाले होते हैं। इनका निवास स्थान तालाब, नदी, समुद्र, नहर, धार्मिक-स्थान, आश्रम, मन्दिर तथा तीर्थ-स्थल हैं।

### मीन राशि (Pisces) का वृक्ष : बेल।

अपने औषधीय गुणों के साथ-साथ बेल का वृक्ष मीन राशि के व्यक्तियों के लिए ग्रहों की कुदृष्टि को भी शांत करता है तथा उनके जीवन को सफल बनाता है।

**वृक्ष नाम :** बेल

**वैज्ञानिक नाम :** एगल मारमिलोस (Aegle Marmelos)

शुभ दिन : मंगल, बुध, गुरु

**शुभ तिथि :** 3, 12, 21

**शुभ नग :** पुखराज, मूँगा, मोती

**राशि-वृक्ष इस सृष्टि की, बाँध के रखता डोर।**

**कुदरत जोड़े हाथ, जहाँ चले न किसी का जोर।।**

इसके अतिरिक्त भिन्न-भिन्न राशियों से संबंधित कुछ अन्य पौधों की सूची दी जा रही है, जिन्हें आप अपनी राशि के अनुसार गमलों में भी रोपित कर सकते हैं-

1. **मेष राशि** वाले जातकों को लाल फल-फूल वाले छोटे पौधे तथा अनंतमूल का पौधा लगाना चाहिए।

2. **वृष राशि** वालों को सप्तपर्णी, सफेद चमेली तथा पपीते का पौधा लगाना चाहिए।

3. **मिथुन राशि** के जातकों को बिना फल-फूल वाले छोटे पौधे लगाने चाहिए।

4. **कर्क राशि** के जातकों को पलाश, खिरनी, तुलसी अथवा सफेद फूल वाले पौधे लगाने चाहिए।

5. **सिंह राशि** के जातकों को लाल रंग के फूल वाले छोटे पौधे तथा श्वेत मदार के पौधे लगाने चाहिए।

6. **कन्या राशि** के जातकों को एलोवेरा, अपामार्ग (चिड़चिड़ा) के पौधे लगाने चाहिए।

7. **तुला राशि** के जातकों को चमेली तथा सफेद फूलों वाले पौधे लगाने चाहिए।

8. **वृश्चिक राशि** के जातकों को अनन्तमूल तथा लाल फल-फूल वाले पौधे लगाने चाहिए।

9. **धनु राशि** के जातकों को केला तथा पीले फूल वाले या वज्रदंती पौधे लगाने चाहिए।

10. **मकर राशि** के जातकों को बिना फल-फूल वाले पौधे लगाने चाहिए।

11. **कुम्भ राशि** के जातकों को बिना फल-फूल वाले पौधे लगाने चाहिए।

12. **मीन राशि** के जातकों को पीले फूल वाले या वज्रदंती के पौधे लगाने चाहिए।

उत्तर भारतीय शैली में कुण्डली मे राशियाँ समय के अनुसार स्थान परिवर्तित करती रहतीं हैं। यह ध्यान देने योग्य तथ्य है, कि उत्तर भारतीय शैली में भाव (House) अचल होता है तथा जो अंक लिखा होता है, वह राशि को दर्शाता है। उत्तर भारतीय शैली की जन्मकुण्डली का नमूना निम्न प्रकार है :

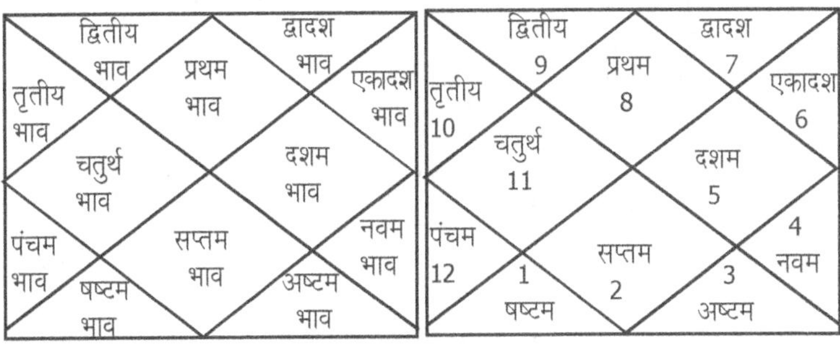


**राशियों के चयन का तार्किक विश्लेषण :** वस्तुतः राशियों का विन्यास ग्रहों की गति के आधार पर किया गया है, जिनमें चंद्रमा की गति सबसे अधिक है। यह राशिचक्र का परिभ्रमण 27 दिन में पूरा कर लेता है और सूर्य से अगली राशि इसकी मानी गई है। बुध 88 दिन लगाता है और दो राशियाँ, मिथुन और कन्या, एक परिभ्रमण पथ के ऊपरी भाग से व दूसरी परिभ्रमण पथ के नीचे के भाग से बुध की मानी गई है। बुध से आगे शुक्र है और यह भी दो राशियों, वृष व तुला (एक ऊपर से व एक नीचे से) को शासित करता है। इसी प्रकार मंगल, गुरु व शनि को उनकी गति के आधार पर राशियाँ प्रदान की गई हैं। शनि सबसे अधिक दूरी पर है और सबसे धीमा भी है। मकर व कुम्भ, दो राशियाँ इसके द्वारा शासित हैं। सरल भाषा में हम कह सकते हैं कि ग्रह सूर्य से जितने दूर होते है, उनको परिक्रमा में उतना ही अधिक समय लगता है। अतः

उनकी दूरी के आधार पर ही राशियाँ बनती हैं। निम्नांकित चित्र द्वारा इसे सरलतापूर्वक समझा जा सकता है :

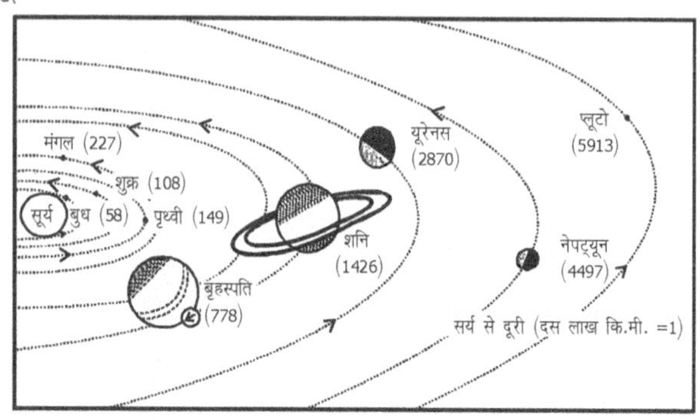


सौरमंडल

दक्षिण भारतीय शैली की जन्मपत्री के आधार पर भी इसे भली प्रकार समझाया जा सकता है :

| मीन | मेष | वृष | मिथुन | गुरु | मंगल | शुक्र | बुध |
|---|---|---|---|---|---|---|---|
| कुम्भ | | राशि | कर्क | शनि | | स्वामी | चन्द्र |
| मकर | | | सिंह | शनि | | | सूर्य |
| धनु | वृश्चिक | तुला | कन्या | गुरु | मंगल | शुक्र | बुध |

सूर्य तथा चंद्रमा के पश्चात् बुध, एक ओर सूर्य तथा दूसरी ओर चंद्रमा के पास है। इसी प्रकार अगला भाव दोनों ओर शुक्र का आता है। इसके बाद क्रमशः मंगल, बृहस्पति तथा शनि आते हैं।

राशियों का विशेष विवरण इस प्रकार हैं :

| राशि | दिशा | तत्त्व | प्रकृति | उदय | आरोह | कितने अंश तक |
|---|---|---|---|---|---|---|
| मेष | पूर्व | अग्नि | चर | पृष्ठ | अल्प | 0–30 |
| वृष | दक्षिण | भूमि | स्थिर | पृष्ठ | अल्प | 30–60 |
| मिथुन | पश्चिम | वायु | द्विस्वभाव | शीर्ष | अल्प | 60–90 |
| कर्क | उत्तर | जल | चर | पृष्ठ | अधिक | 90–120 |
| सिंह | पूर्व | अग्नि | स्थिर | शीर्ष | अधिक | 120–150 |

| कन्या | दक्षिण | भूमि | द्विस्वभाव | शीर्ष | अधिक | 150–180 |
| तुला | पश्चिम | वायु | चर | शीर्ष | अधिक | 180–210 |
| वृश्चिक | उत्तर | जल | स्थिर | शीर्ष | अधिक | 210–240 |
| धनु | पूर्व | अग्नि | द्विस्वभाव | पृष्ठ | अधिक | 240–270 |
| मकर | दक्षिण | भूमि | चर | पृष्ठ | अधिक | 270–300 |
| कुम्भ | पश्चिम | वायु | स्थिर | शीर्ष | अल्प | 300–330 |
| मीन | उत्तर | जल | द्विस्वभाव | उभय | अल्प | 330–360 |

स्मरण के लिए 'पूदपउ' (पूर्व-दक्षिण-पश्चिम-उत्तर), 'अभूवाज' (अग्नि-भूमि-वायु-जल), 'चस्दि' (चर-स्थिर-द्विस्वभाव)।

**फलप्रद (बधिर) राशियाँ :** कर्क, वृश्चिक व मीन (सभी जलीय राशियाँ) प्रकृति में फलप्रद हैं, इन्हें बधिर राशियाँ भी कहा जाता है।

**वंध्य राशियाँ :** मेष, मिथुन, सिंह व कन्या राशियों को वंध्य राशियाँ कहते हैं।

**उग्र राशियाँ :** मंगल द्वारा शासित राशियाँ अर्थात् मेष व वृश्चिक उग्र राशियाँ हैं। ये राशियाँ मंगल के गुणों को दर्शाती हैं और खतरों से खेलने के लिए सर्वाधिक उपयुक्त राशियाँ हैं।

**मानवीय राशियाँ :** मिथुन, कन्या, कुम्भ और धनु के प्रथम अर्धांश का चित्रण मानवीय आकृतियों के रूप में किया जाता है और इन्हें मानवीय राशियाँ कहा जाता है।

**स्वर राशियाँ :** सभी वायवीय राशियों को स्वर राशियाँ भी कहते हैं।

**पशु राशियाँ :** मेष (मेढा/नर भेड़), वृष (बैल), सिंह (शेर), मकर (मगरमच्छ) और धनु के द्वितीय अर्धांश का चित्रण चार पैरों वाली पशु आकृतियों के रूप में किया जाता है, अतः ये पाशविक राशियाँ या पशु राशियाँ हैं।

यहाँ हम सभी जान चुके हैं कि हमारी ग्रह-शांति का सीधा संबंध वृक्षारोपण से भी है और प्रकृति हमारे लिए निःस्वार्थ भाव से अपना कार्य कर रही है। तो यह हमारा भी कर्तव्य है कि हम भी प्रकृति की सेवा करें। गृह-शांति के वृक्ष लगाकर ग्रहों को तो शांत किया ही जा सकता है साथ ही साथ अगर हर व्यक्ति ये प्रण ले कि वह अपने जीवन-काल में कम से कम दस वृक्ष लगाएगा तो हम भी प्रकृति के संतुलन में अपनी भागीदारी देकर खुशियाँ बटोर सकते हैं।

★★★

# कैसे लगाएँ 'राशि-वृक्ष'?

क हते हैं कि कोई भी चीज, चाहे वह बच्चा हो या पौधा, पशु हो या पक्षी, तभी फलता-फूलता है तथा स्वस्थ एवं सुखी रहता है जबकि उसे जीवन के लिए आवश्यक सभी प्रकार का अनुकूल वातावरण मिलता है। अब जबकि यह स्पष्ट हो चुका है कि मनुष्य तथा वृक्ष एक दूसरे के पूरक हैं, तो जरूरी है कि स्वस्थ मानव-जीवन के लिए वृक्षों का जीवन भी स्वस्थ एवं निरापद होना चाहिए। यद्यपि प्रकृति स्वयं वनस्पति-जगत की संरक्षिका है, किंतु मनुष्य ने अपनी अज्ञानता के कारण वृक्षों की अंधाधुंध कटाई करके प्रकृति में ही असंतुलन पैदा कर दिया है। यही कारण है कि आज हमें वृक्षारोपण को एक आंदोलन के रूप में क्रियान्वित करना पड़ रहा है। आज जब हम वृक्षारोपण के लिए हर स्तर पर प्रयास कर रहे हैं, तो हम सबके लिए यह जागरूकता भी जरूरी है कि पौधे किस प्रकार लगाए जाने चाहिए? एक पौधे के स्वस्थ जीवन के लिए कौन-कौन सी चीजें तथा परिस्थितियाँ अनुकूल होती हैं? जब आप अपनी राशि का पौधा लगाने के लिए तैयार होते हैं तो यह ध्यान रखना भी जरूरी होता है आपकी राशि के पौधे को वे सभी चीजें प्राप्त होनी चाहिए जिससे वह हरा-भरा रहे तथा स्वस्थ एवं सुंदर बना रहे, क्योंकि तभी वह आपके जीवन को सुखी एवं समृद्ध बना सकेगा। जब आपकी राशि का पौधा ही सूखा एवं कष्टकारक स्थिति में होगा, तो वह आपके जीवन को कैसे सुखी बना सकेगा? आइए, देखते हैं कि एक पौधे के जीवन को सुखी और समृद्ध (हरा-भरा) बनाने के लिए किन-किन चीजों की आवश्यकता होती है—

**(1) मिट्टी :** आजकल रसायनों और भिन्न-भिन्न प्रकार के प्रदूषक पदार्थों का प्रयोग होने के कारण मिट्टी की उर्वरा-शक्ति पर प्रतिकूल प्रभाव पड़ रहा है।

अतः सबसे पहले यह जरूरी है कि मिट्टी की जाँच कराकर उसकी उर्वरक क्षमता का पता लगाना चाहिए ताकि रोपित किए जाने वाले पौधे को उचित मात्रा में आवश्यक खनिज-पदार्थ प्राप्त हो सकें। यह भी देखना चाहिए कि आप जो पौधा लगाने जा रहे हैं उसके लिए किन-किन पदार्थों की आवश्यकता है? यदि वहाँ की मिट्टी में उस पौधे के लिए आवश्यक किसी पदार्थ की कमी है, तो उस पदार्थ को ऊपर से मिलाकर उस कमी को पूरा कर दें। तभी वह पौधा अपने स्वस्थ स्वरूप को प्राप्त कर सकेगा तथा आपके जीवन में भी सुख, शांति और समृद्धि प्रदान करने में सक्षम होगा।

**(2) जल की गुणवत्ता :** जिस प्रकार हम मनुष्यों के लिए स्वास्थ्यप्रद एवं दोष-रहित जल आवश्यक होता है, उसी प्रकार पौधों के लिए भी प्रदूषण-रहित जल आवश्यक होता है ताकि जब जड़ें मिट्टी से खनिज पदार्थों के साथ जल को अवशोषित करें तो पौधे के अंग-प्रत्यंग को स्वास्थ्यकारक एवं पौष्टिक भोजन प्राप्त हो सके। जब आपके द्वारा लगाया हुआ पौधा सुखी एवं संतुष्ट होगा तो निश्चित रूप से आपके जीवन में भी सुख, शांति एवं समृद्धि आएगी।

**(3) मौसम :** जिस प्रकार बाल्यावस्था में बच्चे की देख-रेख करते समय सर्दी, गर्मी, बरसात तथा कम या ज्यादा तापमान का ध्यान रखना पड़ता है, उसी प्रकार पौधे के शैशव-काल में भी उसके लिए मौसम की अनुकूलता का ध्यान रखना पड़ता है। हर किस्म के पौधे के रोपण के लिए एक अनुकूल मौसम होता है। ध्यान रखें कि आप जिस पौधे का रोपण करने जा रहे हैं, मौसम उसके अनुकूल ही होना चाहिए। मौसम अनुकूल न होने पर या तो पौधा सूख जाएगा, या फिर पूर्ण स्वस्थ नहीं हो सकेगा। वैसे तो पौधे स्वयं ही जलवायु के निर्माता होते हैं, लेकिन उन्हें सक्षम बनाने के लिए पहले हमें उनके अनुकूल जलवायु प्रदान करनी पड़ती है। किसी भी पौधे का रोपण हमें उसके लिए अनुकूल मौसम में ही करना चाहिए।

**(4) देख-रेख :** पौधे का रोपण करने मात्र से ही आपकी जिम्मेदारी समाप्त नहीं हो जाती है। अपनी राशि का पौधा लगाने का पूरा-पूरा लाभ प्राप्त करने के लिए तथा उसको एक वृक्ष के रूप में लाने के लिए उसकी समुचित देख-भाल करना जरूरी है। जिस प्रकार माता-पिता अपने बच्चे की हर जरूरत पूरी करते हैं तथा उसकी बाल-क्रीड़ाओं को देखकर आनंदित होते हैं, उसी प्रकार का आनंद अपने द्वारा लगाए गए पौधे की सिंचाई करने में, उसकी रखवाली करने

में तथा उसे हरा-भरा लहलहाता हुआ देखने में प्राप्त होता है। इससे न केवल आपको बल्कि आपके सारे परिवार को एवं आस-पास के पूरे वातावरण को एक नया उत्साह मिलेगा। अपने घर के सभी सदस्यों के नाम के अनुसार उनकी राशि का वृक्ष लगाना चाहिए तथा उन वृक्षों की समुचित देख-भाल करनी चाहिए।

## पौधारोपण से होने वाले भावनात्मक लाभ :

**(1) अहंकार नष्ट होता है :** कहते हैं कि झुकने से अपने अंदर का अहंकार नष्ट हो जाता है तथा विनम्रता का भाव पैदा होता है। जब भी हम किसी पौधे का रोपण करते हैं, तो हमें झुकना पड़ता है अर्थात् हमारे मन में पौधे के लिए विनम्रता का भाव जाग्रत होता है। यही भाव धीरे-धीरे हमारे संपूर्ण बाह्य परिवेश में भी व्याप्त हो जाता है।

**(2) वात्सल्य-भाव की उत्पत्ति :** एक छोटा पौधा बिल्कुल एक बच्चे के समान होता है। अतः जब भी हम किसी बाल-पादप को एक शिशु की भाँति स्पर्श करते हैं तो हमारे मन में वही भाव उत्पन्न होता है जो एक माता-पिता के मन में अपने बच्चे के लिए उत्पन्न होता है। बच्चों के प्रति प्रेम की भावना मन में कठोरता समाप्त करके कोमलता को जन्म देती है।

**(3) संपूर्ण ब्रह्माण्ड के साथ एकत्व की भावना :** एक पौधे का रोपण करते समय मन में जो विचार उत्पन्न होते हैं, उनमें पौधा, मिट्टी, जल, वायु, धूप, स्थान आदि सभी समाहित होते हैं तथा पौधे का रोपण करने वाला व्यक्ति स्वयं को इन सभी के साथ जुड़ा हुआ महसूस करता है। इस प्रकार वह अपने अंदर संपूर्ण ब्रह्माण्ड की सत्ता महसूस करता है तथा उसके साथ एकाकार हो जाता है। ब्रह्माण्ड के साथ एकत्व की यह भावना उसे एक स्वस्थ महसूसता प्रदान करती है तथा उसके संपूर्ण अस्तित्व को एक दृढ़ता प्रदान करती है।

**(4) मिट्टी के साथ संबंध :** आधुनिकता के इस दौर में ऊँचे-ऊँचे कंक्रीट के भवनों, पक्की सड़कों, गाड़ियों और कालीन बिछे फर्श पर चलते हुए हम इस वास्तविकता को बिल्कुल भूल ही जाते हैं कि हमारा ये शरीर भी मिट्टी का ही एक टुकड़ा है। आजकल धूल-मिट्टी को तो एक संक्रमण का कारण माना जाता है। पौधा लगाते समय जब हम उसकी जड़ों को मिट्टी से जोड़ते हैं तो एक कड़ी के रूप में पौधा मिट्टी के साथ हमारे अस्तित्व को एकाकार कर देता है।

**(5) अहंकार/'मैं' में कमी आनाः** जब आप पौधा लगाते हैं, तो आप झुकते हैं। जब आप ईश्वर की कृति को बढ़ाने के लिए कुछ कर्म करते हैं, तो ईश्वर आपसे खुश होता है।

**(6) वृक्षारोपण संचित करता है पुण्य :** वैसे तो किसी भी प्रकार का वृक्ष लगाना एक परम पवित्र कार्य है। वृक्ष के लगाने से पुण्य ही पुण्य प्राप्त होता है। सबसे पहला पुण्य तो यह है कि हम जिस पर्यावरण में रहते हैं, साँस लेते हैं तथा भोजन करते हैं, वे सभी चीजें हमें वृक्षों से प्राप्त होती हैं। वृक्ष ये सब चीजें प्रदान करने में किसी प्रकार का भेद-भाव नहीं बरतते हैं। राशि-वृक्ष का रोपण करने से स्वयं को तो लाभ होता ही है, सुख, शांति तथा समृद्धि प्राप्त होती है, इसके साथ-साथ छाया और फल के साथ-साथ पक्षियों तथा अन्य जीव-जंतुओं को आश्रय प्राप्त होता है, इसमें सार्वजनिक लाभ होता है। इसके अतिरिक्त पेड़ों से प्राप्त होने वाले लाभ केवल एक पीढ़ी के लिए नहीं होते हैं। पेड़ पीढ़ी दर पीढ़ी परिवार को अपना स्नेह प्रदान करते हैं। पेड़ों के बारे में एक कहावत बहुत प्रसिद्ध है, "दादा लगाए, पोता बरते।" वृक्षों के औषधीय लाभ के बारे में तो सभी जानते हैं। अतः अपनी राशि के वृक्ष का रोपण करके आप एक नहीं अनेकों पुण्य कमा सकते हैं। यह शुभ कार्य शीघ्रातिशीघ्र एवं यथाशक्ति करना चाहिए।

**(7) पुण्य कमाएँ पाप नहीं :** हम गायों तथा अन्य पशु-पक्षियों को भोजन देकर अपने लिए सत्कर्मों का भंडार संचित करते हैं। वास्तव में ऐसा करके हम न केवल ईश्वर द्वारा उत्पन्न की गई सृष्टि के पोषण में सहयोग करते हैं, बल्कि आंशिक ही सही लेकिन जीव-जगत के संतुलन को दृढ़ता प्रदान करते हैं। कभी-कभी हम असावधानीवश कुछ ऐसा भी कर देते हैं जिससे हम पुण्य के स्थान पर पाप के भागी बन जाते हैं। होता क्या है कि हम जिस प्लास्टिक की थैली में भोजन या अन्न लेकर जाते हैं, उसे भी वहीं छोड़ देते हैं तथा गाय एवं कोई अन्य पशु भोजन के साथ-साथ उस थैली को भी खा लेता है, जो उसके उदर की दीवारों के साथ चिपक जाती है। क्योंकि यह प्लास्टिक पाचन-तंत्र के द्वारा हजम तो होती नहीं है, अतः अधिक मात्रा में प्लास्टिक पेट में जमा हो जाने पर यह पशुओं की मृत्यु का कारण बन जाती है। आप ही फैसला कीजिए कि आपने पुण्य कमाया या पाप? खैर, कहने का तात्पर्य यह है कि यदि हम पुण्य के लिए कोई कार्य करते हैं, तो ध्यान रखना चाहिए कि उससे पुण्य ही मिले, हमारी असावधानी से किसी निरीह पशु की जान का नुकसान नहीं होना चाहिए। पशुओं या पक्षियों को भोजन देते समय हमें प्लास्टिक की थैलियों को अलग कर लेना चाहिए तथा उन्हें समुचित ढंग से निपटाना चाहिए।

जब भी आप अपनी राशि का पौधा लगाते हैं, तो मन ही मन यह प्रार्थना अवश्य करें: "हे परमपिता परमात्मा! आप ही इस सृष्टि के उत्पन्नकर्त्ता, पालनकर्त्ता तथा संहारकर्त्ता हैं। आप हम मनुष्यों के माध्यम से इस जगत के संचालन के लिए अनेकों काम करवाते हैं। ये वृक्ष भी आपकी ही शक्ति से परिपूर्ण हैं तथा हमारे जीवन को चलाने के लिए सभी जरूरी चीजें, यहाँ तक कि साँस लेने के लिए प्राण-वायु भी देते हैं। आज मैं जो पौधा लगा रहा हूँ, उसे अपनी शक्ति प्रदान करके एक वृहदाकार, छायादार एवं फलदार वृक्ष के रूप में लंबी आयु प्रदान करें ताकि यह लंबे समय तक इस संसार के मनुष्यों तथा जीव-जंतुओं को सुख, शांति एवं संपन्नता प्रदान करता रहे। मेरे लिए यह पौधा आपका ही स्वरूप है, हे प्रभु! मुझे प्रेरणा एवं शक्ति प्रदान करें ताकि मैं इस पौधे में आपका ही स्वरूप देखते हुए इसकी पूजा-अर्चना करता रहूँ तथा इसके माध्यम से मुझे और मेरे परिवार को आपका आशीर्वाद प्राप्त होता रहे तथा मेरे जीवन में सुख, शांति तथा समृद्धि बनी रहे।"

जब आप उपरोक्त तथ्यों का ध्यान रखते हुए अपनी राशि का पौधा लगाते हैं तो निश्चित रूप से आप पुण्य ही पुण्य कमाते हैं। स्वयं के जीवन के लिए तो आप लाभ अर्जित करते ही हैं, इसके साथ-साथ आपके द्वारा किया गया पौधारोपण सारे समाज को लाभ पहुँचाता है। आपके इस कार्य से आपकी आने वाली पीढ़ियों को भी निरंतर लाभ प्राप्त होता रहेगा।

**✦ ✦ ✦**

एक व्यक्ति, एक पेड़।
इसमें अब मत करना देर।।

# क्यों जरूरी है वृक्ष लगाना?

जैसा कि हम सभी जानते हैं कि मनुष्य एवं सभी जीवधारियों में जीवन का प्रमुख लक्षण है साँसों का आना-जाना। जिस भी जीवधारी में, चाहे वह मनुष्य हो, पशु हो या पक्षी हो, श्वसन-क्रिया बंद हो जाती है उसे मरा हुआ घोषित कर दिया जाता है। अब बात आती है कि श्वसन-क्रिया के दौरान हम जिस वायु (ऑक्सीजन) का अंतः-श्वसन करते हैं, वह हमें कहाँ से प्राप्त होती है तथा कितनी मात्रा में प्राप्त होती है? यह शाश्वत सत्य है कि हमारे जीवन का मूल आधार 'ऑक्सीजन' का एक मात्र स्रोत केवल और केवल वृक्ष होते हैं। अतः वृक्षों का न होना अर्थात् श्वसन-क्रिया के समापन की स्थिति बन जाती है, या दूसरे शब्दों में कहें, तो इसका तात्पर्य है–जीवन-रहित पृथ्वी। वृक्षों का इससे बड़ा महत्त्व क्या हो सकता है कि यदि वृक्ष नहीं होंगे तो उनके बारे में बात करने के लिए हम भी नहीं होंगे। अब बात आती है जीवन में वृक्षों के अन्य प्रकार के महत्त्व की। वृक्षों का हमारे जीवन में इसके अतिरिक्त स्वास्थ्य संबंधी, पर्यावरण संबंधी, आर्थिक एवं मनोवैज्ञानिक महत्त्व भी होता है। अधिक से अधिक वृक्षारोपण एवं वृक्षों के रख-रखाव से ऊर्जा की लागत में कमी आती है, प्रदूषण कम होता है, हरियाली से चारों तरफ का वातावरण सुखद एवं सुंदर हो जाता है। क्योंकि हरा रंग नेत्रों के लिए सुखदायक होता है, अतः हरियाली से अतिशीघ्र तनाव से मुक्ति मिल जाती है। वृक्ष हमारे चारों तरफ के वातावरण की सुंदरता में वृद्धि करते हैं, अतः इस सुंदरता को बनाए रखने के लिए वृक्षों को लगाना एवं उनकी देख-भाल करना हमारा परम कर्त्तव्य है।

श्री दिनेश वर्मा, जो कि इस पुस्तक के लेखक भी हैं, के शब्दों में, "जीवन, सुंदरता एवं छाया प्रदान करने के कारण वृक्ष इस ग्रह का एक महत्त्वपूर्ण भाग हैं। मानव-जीवन में वृक्षों का बहु-आयामी उपयोग एवं महत्त्व है, जैसे कि सामाजिक, सामुदायिक, पर्यावरण संबंधी एवं आर्थिक आदि। वृक्ष मनुष्यों के लिए आवश्यक प्रत्येक वस्तु, जैसे कि हवा, भोजन, आवास, वस्त्र, ऊर्जा एवं सुंदरता सभी कुछ तो प्रदान करते हैं। वृक्षों से होने वाले लाभों की अगर बात करें, तो दूसरे शब्दों में हम कह सकते हैं कि यदि वृक्ष हैं, तो यह जीवन है। वृक्षों का इससे बड़ा और क्या लाभ हो सकता है।"

## वृक्षों के लाभ

**1. स्वच्छ वायु :** वृक्ष हानिकारक एवं प्रदूषक गैसों, जैसे कि, सल्फरडाईऑक्साइड, ओजोन, नाइट्रोजन ऑक्साइड आदि का अवशोषण (अपने उपयोग के लिए) करके हमें ताजा एवं शुद्ध वायु प्रदान करते हैं। वे मानव जीवन के लिए सर्वाधिक महत्त्वपूर्ण एवं मूल आवश्यकता को पूरा करने के लिए ऑक्सीजन प्रदान करते हैं। शुद्ध एवं ताजी हवा से प्रदूषित वायु के कारण पैदा होने वाली बीमारियों की संभावना कम हो जाती है।

**2. ऑक्सीजन :** ऑक्सीजन के महत्त्व के बारे में तो हम सभी जानते हैं। ऑक्सीजन हमारी जीवन-रेखा है। जरा सोचिए, बीमार पड़ने पर कई बार हमें अस्पतालों में कृत्रिम रूप से ऑक्सीजन दी जाती है, और उसके लिए हमें पैसों का भुगतान करना पड़ता है। वही ऑक्सीजन ये हरे-भरे वृक्ष हमें निःशुल्क प्रदान करते हैं। कितना बड़ा उपकार है वृक्षों का हम सब पर, और विलक्षणता यह है कि ऑक्सीजन के एकमात्र स्रोत केवल और केवल वृक्ष हैं।

एक एकड़ में लगे हुए परिपक्व वृक्ष एक वर्ष में 18 व्यक्तियों के लिए प्राण-वायु (ऑक्सीजन) प्रदान कर सकते हैं। **(स्रोतः न्यूयॉर्क टाइम्स)**

**3. शीतलता (ठंडक) :** पेड़ों की छाया एवं हरी पत्तियों से होने वाला वाष्पन शहरों एवं गाँवों की गलियों को पर्याप्त मात्रा में ठंडक प्रदान करता है। अतः वृक्ष हमारे प्राकृतिक वातानुकूलक (Airconditioner) होते हैं।

कुछ लोग पेड़ काटने आए हैं, धूप तेज होने के कारण उसी की छाया में आराम कर रहे हैं।

**4. सक्रिय जीवन :** बाग-बगीचों एवं पार्कों का हरा-भरा वातावरण लोगों को प्रातः जल्दी उठने एवं स्वास्थ्यप्रद वायु से युक्त वातावरण में व्यायाम करने एवं योगाभ्यास करने के लिए प्रेरित करता है। इस प्रकार की नियमित प्रक्रिया से लोग शारीरिक व मानसिक रूप से स्वस्थ रहते हैं।

**5. स्थान की गुणवत्ता एवं मूल्य-वृद्धि :** जिन आवासीय परिसरों में या उनके आस-पास हरे-भरे पेड़ बहुतायत में होते हैं, उन स्थानों के आर्थिक मूल्य में स्वाभाविक रूप से वृद्धि हो जाती है। प्रदूषण-मुक्त, ताजी हवा से युक्त एवं हरियाली से परिपूर्ण होने के कारण ऐसे स्थान लोगों को बरबस ही अपनी ओर आकर्षित कर लेते हैं तथा कम वृक्षों वाले या वृक्ष-रहित स्थानों की तुलना में इनका मूल्य अधिक होता है।

**6. हानिकारक किरणों से बचाव :** पराबैंगनी (Ultra-Violet) किरणें अत्यधिक हानिकारक होतीं हैं तथा इनसे प्रभावित व्यक्तियों को त्वचा-कैंसर (Skin-cancer) जैसी बीमारी हो सकती है। वृक्ष पराबैंगनी किरणों से सुरक्षा करते हैं, क्योंकि वृक्ष इन हानिकारक किरणों के प्रभाव को 50% तक कम करते हैं।

**7. स्वास्थ्य लाभ :** अभी तक के अध्ययनों से पता चलता है कि यदि किसी रोगी व्यक्ति के मकान के बाहर या खिड़कियों से झाँकने पर हरे-भरे पेड़ तथा मनोहारी दृश्य दिखायी देता है, तो रोगी जल्दी स्वास्थ्य-लाभ करता है। इसीलिए अपने घर के चारों तरफ अधिक से अधिक पेड़ लगाकर डॉक्टरों के खर्च से बचे रह सकते हैं।

**8. भोजन :** वृक्षों से होने वाला सर्वाधिक महत्त्वपूर्ण एवं उपयोगी लाभ यह है कि जीवन-प्रक्रिया के संचालन के लिए एवं स्वस्थ रहने के लिए हम जो भी भोजन ग्रहण करते हैं, चाहे वह किसी भी रूप में हो, वृक्षों की ही देन है। आप भी ऐसे फलदायक वृक्षों को अपने घरों के आस-पास उगा सकते हैं। इसके लिए आप किसी कृषि-विशेषज्ञ से भी परामर्श ले सकते हैं।

**9. ऑक्सीजन :** वृक्ष हमारे जीवन और धरती के पर्यावरण में महत्त्वपूर्ण भूमिका निभाते हैं। वृक्ष से एक ओर जहाँ ऑक्सीजन का उत्पादन होता है तो दूसरी ओर यही वृक्ष धरती के प्रदूषण को खत्म करने में महत्त्वपूर्ण भूमिका निभाते हैं। दरअसल, ये धरती के पारिस्थितिकी तंत्र को संतुलन प्रदान करते हैं।

**10. औषधि :** वृक्ष औषधीय गुणों का भंडार होते हैं। नीम, तुलसी, जामुन, आँवला, पीपल, अनार आदि अनेक ऐसे वृक्ष हैं, जो हमारी सेहत को बरकरार रखने में मददगार सिद्ध होते हैं।

**11. फल :** वृक्षों से हमें भरपूर भोजन प्राप्त होता है, जैसे आम, अनार, सेबफल, अंगूर, केला, पपीता, चीकू, संतरा आदि ऐसे हजारों फलदार वृक्षों की जितनी तादाद होगी, उतना ही भरपूर भोजन प्राप्त होगा। आदिकाल में वृक्षों से ही मनुष्य के भोजन की पूर्ति होती थी।

**12. मानसिक संतुष्टि :** वृक्षों के आस-पास रहने से जीवन में मानसिक संतुष्टि मिलती है। वृक्ष हमारे जीवन के संतापों को समाप्त करने की शक्ति रखते हैं। माना कि वृक्ष देवता नहीं होते हैं, लेकिन उनमें देवताओं जैसी ही ऊर्जा होती है। हाल ही में हुए शोधों से पता चला है कि नीम के नीचे प्रतिदिन आधा घंटा बैठने से किसी भी प्रकार का चर्म रोग नहीं होता। तुलसी और नीम के पत्ते खाने से किसी भी प्रकार का कैंसर नहीं होता। इसी तरह वृक्ष से सैकड़ों शारीरिक और मानसिक लाभ मिलते हैं।

इन सभी बातों को ध्यान में रखते हुए हमारे ऋषि-मुनि पर्यावरण संरक्षण

हेतु वृक्षों से संबंधित अनेक मान्यताओं को प्रचलन में लाये।

उपरोक्त वैज्ञानिक कारणों से हमारे पूर्वज भली-भाँति परिचित थे और इस तरह वे पारिस्थितिकी संतुलन के लिए और उपरिलिखित उद्देश्यों की रक्षा के लिए वृक्षों को महत्त्व देते थे, लेकिन उन्हें यह भी मालूम था कि मनुष्य आगे चलकर इन वृक्षों का अंधाधुंध दोहन करने लगेगा इसलिए उन्होंने वृक्षों को बचाने के लिए प्रत्येक वृक्ष का एक देवता नियुक्त किया और जगह-जगह पर प्रमुख वृक्षों के नीचे देवताओं की स्थापना की।

पर्यावरण के प्रति जागरूक एवं समाज-कल्याण के कार्यक्रमों में सतत संलग्न रहने वाले श्री दिनेश वर्मा जी कहते हैं, "दरअसल, वृक्ष हमारी धरती पर जीवन के प्रारंभ का आधार हैं। जीवों ने या कहें कि आत्मा ने सर्वप्रथम प्राणरूप में खुद को वृक्ष के रूप में ही अभिव्यक्त किया था। जब धरती पर स्वतंत्र जीव नहीं थे, तब वृक्ष ही जीव थे। यही जीवन का विस्तार करने वाले थे, जो आज भी हैं। इसके बाद जब चेतना परम पद को प्राप्त कर लेती है, तो वह वृक्षों जैसी ही स्थिर हो जाती है। अनंत ऐसी आत्माएँ हैं जिन्होंने वृक्ष को अपना शरीर बनाया है। वृक्ष इस धरती पर ईश्वर के प्रथम प्रतिनिधि या दूत हैं। वेद शास्त्रों और पुराणों को पढ़ने पर इस बात का खुलासा होता है।"

**धरती के दो छोर हैं :** एक उत्तरी ध्रुव और दूसरा दक्षिणी ध्रुव। वृक्ष इन दोनों ध्रुवों से कनेक्ट रहकर धरती और आकाश के बीच ऊर्जा का एक सकारात्मक वर्तुल बनाते हैं। वृक्ष का संबंध या जुड़ाव जितना धरती से होता है उससे कई गुना ज्यादा आकाश से होता है।

वैज्ञानिक शोधों से यह बात सिद्ध हो चुकी है कि धरती के वृक्ष ऊँचे आसमान में स्थित बादलों को आकर्षित करते हैं। जिस क्षेत्र में जितने ज्यादा वृक्ष होंगे, वहाँ वर्षा उतनी ज्यादा होगी। धरती पर वर्षा-वनों के समाप्त होते जाने से धरती पर से वर्षा ऋतु का संतुलन भी बिगड़ने लगा है जिसके चलते कहीं सूखा तो कहीं बाढ़ के नजारे देखने को मिलते हैं। खैर, यह तो सिद्ध होता है कि वृक्षों का संबंध आकाश से है।

यदि आप किसी प्राचीन या ऊर्जा से भरपूर वृक्षों के झुंड के पास खड़े होकर कोई मन्नत माँगते हो तो यहाँ आकर्षण का नियम तेजी से काम करने लगता है। वृक्ष आपके संदेश को ब्रह्मांड तक फैलाने की क्षमता रखते हैं और एक दिन ऐसा होता है जबकि ब्रह्मांड में गया हुआ सपना हकीकत बनकर लौटता है।

वैज्ञानिक कहते हैं, "मानव मस्तिष्क में 24 घंटे में लगभग 60 हजार विचार आते हैं। उनमें से ज्यादातर नकारात्मक होते हैं। नकारात्मक विचारों का पलड़ा भारी है तो फिर भविष्य भी वैसा ही होगा और यदि मिश्रित विचार हैं तो मिश्रित भविष्य होगा। जो भी विचार निरंतर आ रहा है वह धारणा का रूप धर लेता है। ब्रह्मांड में इस रूप की तस्वीर पहुँच जाती है फिर जब वह पुनः आपके पास लौटती है तो उस तस्वीर के अनुसार आपके आस-पास वैसे ही घटनाक्रम निर्मित हो जाते हैं अर्थात् योगानुसार विचार ही वस्तु बन जाते हैं। यदि आप निरंतर वृक्षों की सकारात्मक ऊर्जा के वर्तुल में रहते हैं तो आपके सोचे हुए सपने सच होने लगते हैं इसीलिए वृक्षों को कल्पवृक्ष की संज्ञा दी गई है।"

## किस पौधे से दूर होता है कैंसर?

**तुलसी :** हमारे ऋषि-मुनियों ने जब तुलसी का निरंतर प्रयोग किया तो उन्हें पता चला कि तुलसी में ऐसे गुण हैं, जो हमारे एक नहीं सैकड़ों रोगों को मिटा सकती है। उसमें सबसे खास यह है कि तुलसी में कैंसर सेल्स को मिटाने की ताकत है। 5 तुलसी के पत्तों को 5 बेल और 5 नीम के पत्तों के साथ कूट-पीसकर गोली बनाकर सेवन किया जाए तो इससे कैंसर समाप्त हो सकता है। वैसे प्रतिदिन तुलसी का 1 पत्ता खाते रहने से कभी भी जीवन में कैंसर नहीं होता।

जिनके घरों में तुलसी का पौधा रहता है उनके घर की हवा शुद्ध रहती है। यह हवा में उड़ रहे घातक जीवाणुओं का नाश कर देती है। तुलसी के बीजों को गुड़ में मिलाकर खाने से निःसंतान महिलाओं को जल्द ही संतान सुख की प्राप्ति होती है। औषधीय गुणों से भरपूर तुलसी के रस में थाइमोल तत्त्व पाया जाता है जिससे त्वचा के रोगों में लाभ होता है। किडनी की पथरी में तुलसी की पत्तियों को उबालकर बनाया गया काढ़ा शहद के साथ नियमित 6 माह सेवन करने से पथरी मूत्र मार्ग से बाहर निकल आती है। इस तरह तुलसी के सैकड़ों लाभ हैं।

**लहसुन :** कैंसर के उपचार में लहसुन की महत्त्वपूर्ण भूमिका है। कई चिकित्सीय शोध बताते हैं कि लहसुन का नियमित सेवन करने वाले लोगों को कैंसर होने की आशंका बेहद कम होती है। लहसुन में कैंसर से लड़ने की विलक्षण क्षमता है। यह निरोधक प्रणाली को प्रेरित करता है, कैंसर भड़काने वाले

तत्त्वों का निर्विषीकरण करता है और नाइट्रेट के निर्माण में बाधा बनकर यह पाचन मार्ग, स्तन तथा प्रोस्टेट के कैंसरों के इलाज में बहुत प्रभावकारी है।

## किस पौधे से दूर होती है डायबिटीज?

**जामुन :** जामुन की अधिकता के कारण इस धरती के मध्य स्थान का नाम जम्बूद्वीप पड़ा। जामुन कई रोगों की रोकथाम में लाभदायक है, जैसे पेचिश, पथरी, हैजा, रक्त संबंधी बीमारी, गठिया, कब्ज, शुगर आदि। जामुन की गुटली के अंदर गिरी में 'जंबोलीन' नामक ग्लूकोसाइट पाया जाता है। यह स्टार्च को शर्करा में परिवर्तित होने से रोकता है। इसी कारण मधुमेह में रोकथाम रहती है।

**आम के पत्ते :** आम के पत्ते शुगर लेवल को कंट्रोल कर सकते हैं। इसके लिए लगभग 15 ताजे आम के पत्तों को लेकर एक गिलास पानी में उबाल दीजिए। सुबह इस पानी को छानकर पीजिए। इससे शुगर लेवल नियंत्रित रहता है।

**करेला और आँवला :** एक-एक चम्मच करेला और आँवले के जूस को मिला लीजिए। इस घोल को नियमित रूप से 2 महीने तक पीजिए। यह खून और यूरीन में शुगर के स्तर को कम करता है। करेला भी शुगर को नियंत्रित करता है। लेकिन करेला खाने से पहले उसके बीजों को निकाल दीजिए।

**नीम का पत्ता :** नीम के 10 पत्तों को रोजाना सुबह-सुबह पानी के साथ 3 महीने तक लीजिए। इससे शुगर का स्तर नियंत्रित रहेगा। नीम खून को साफ करता है। यह कई अन्य रोगों के लिए भी बहुत फायदेमंद है।

## किसके सेवन से हार्ट अटैक से बचा जा सकता है?

**अर्जुन की छाल :** देश में तेजी से बढ़ रहे हृदयरोग को अर्जुन की छाल की मदद से रोका जा सकता है। इस छाल के चूर्ण के साथ कुछ औषधियाँ पुष्कर मूल, शंखपुष्पी, बिडंग, ब्राह्मी, वचा, गुगल, ज्योतिष्म, पुनर्नवा, सर्पगंधा मिला देने के बाद तैयार औषधि हृदयरोग के लिए जिम्मेदार हानिकारक वसा को कम करने में कारगर है। हृदयाघात, हृदय शूल में अर्जुन की छाल से सिद्ध दूध अथवा 3 से 6 ग्राम छाल घी या गुड़ के शर्बत के साथ देते हैं। इसके अलावा अर्जुन के वृक्ष का उपयोग रक्त, पित्त, प्रमेह, मूत्राघात, शुक्रमेह, रक्तातिहार तथा क्षय और खाँसी में भी लाभप्रद रहता है।

**लहसुन :** लहसुन का प्रयोग हृदयरोगों और कैंसर के प्रति शरीर की प्रतिरोधक क्षमता में वृद्धि करता है। लहसुन को गरीबों का 'मकरध्वज' कहा जाता है। वह इसलिए कि इसका लगातार प्रयोग मानव जीवन को स्वास्थ्य संवर्धक स्थितियों में रखता है। लहसुन एक संजीवनी है, जो कैंसर, अल्सर और हृदयरोग के विरुद्ध सुरक्षा कवच बन सकती है। त्वचा को दाग-धब्बे रहित बनाने, मुँहासों से बचने और पेट को साफ करने में भी लहसुन बढ़िया है।

**लौकी का रस :** लौकी का एक कप रस निकालकर प्रतिदिन सेवन करने से भी हार्ट अटैक की आशंका कम हो जाती है।

**पीपल के पास रहना :** औषधीय गुणों के कारण पीपल के वृक्ष को 'कल्पवृक्ष' की संज्ञा दी गई है। पीपल के प्रत्येक तत्त्व जैसे छाल, पत्ते, फल, बीज, दूध, जटा एवं कोंपल तथा लाख सभी प्रकार की आधि-व्याधियों के निदान में काम आते हैं। पीपल की छाया में ऑक्सीजन से भरपूर आरोग्यवर्धक वातावरण निर्मित होता है। इससे हृदय रोगियों को लाभ मिलता है। इस वातावरण से वात, पित्त और कफ का शमन-नियमन होता है तथा तीनों स्थितियों का संतुलन भी बना रहता है। इससे मानसिक शांति भी प्राप्त होती है। पीपल पाचन, खाँसी, बुखार, दस्त में सुधार करने के लिए भी उपयोगी है।

उपर्युक्त लाभों के अतिरिक्त वृक्षों से कई अन्य जीवनोपयोगी लाभ भी हैं, जैसे कि, जल-वर्षण, जल-संरक्षण, ऊर्जा-संरक्षण, मृदा-अपरदन (Soil-erosion) को रोकना, वन्य-जीवों का संरक्षण और यहाँ तक कि वृक्षों की संख्या अधिक होने से बाढ़ तथा भूकम्प जैसी प्राकृतिक आपदाओं पर भी नियंत्रण किया जा सकता है। अतः आइए हम सब मिलकर यह संकल्प लें कि अधिक से अधिक पेड़ लगाकर ब्रह्मांड के इस अनोखे ग्रह (पृथ्वी) को प्रकृति प्रदत्त जीवन एवं सौंदर्य से परिपूर्ण बनाए रखें।

★★★

# वृक्षों से जीवन में चमत्कारी परिवर्तन

### कैसे करते हैं वृक्ष चमत्कार?
### कैसे लाएँ जीवन में परिवर्तन?

आज की परिस्थितियों को देखते हुए 'ग्रीनमैन' श्री विजयपाल बघेल कहते हैं, "जिस अवस्था में मैंने प्रकृति एवं पर्यावरण संरक्षण के लिए कार्य प्रारंभ किया है, उस अवस्था में काम बहुत है और समय बहुत कम है। इसीलिए मैं एक-एक कदम के महत्त्व को समझता हूँ तथा इस दिशा में छोटे-से-छोटे कार्य में भी लापरवाही नहीं बरतता हूँ।" श्री बघेल के अनुसार आज मनुष्य ही पृथ्वी के लिए सबसे बड़ा खतरा है। कारण यह है कि हम पहले की अपेक्षा अधिक लालची हो गए हैं। हम इतने स्वार्थी बन चुके हैं कि सिर्फ और सिर्फ अपने बारे में ही सोचते हैं। हमारी सोच की सीमा केवल 'आज' तक में सिमट गई है। हम इस बारे में बिल्कुल भी नहीं सोचते हैं कि भावी पीढ़ी के लिए अपने पीछे हमें क्या छोड़ना है ताकि आने वाली पीढ़ियाँ भी सुखपूर्वक अपना जीवन बिताएँ। हम इस पृथ्वी का तथा इसके संसाधनों का, जिनमें वृक्षों का स्थान प्रमुख है, केवल और केवल दुरुपयोग कर रहे हैं, और वह भी इस प्रकार से कि उन्हें दोबारा प्राप्त नहीं किया जा सकता। आज मनुष्य के सामने बीमारियों से लेकर जितनी भी समस्याएँ भयानक रूप में खड़ी हैं, उनका प्रमुख कारण हमारा लालच तथा हमारा स्वार्थ है। हमारे जीवन की इन परिस्थितियों में यदि कोई चमत्कारी परिवर्तन ला सकता है तो वे केवल वृक्ष ही हैं।

पर्यावरण संबंधी समस्याओं को रातों-रात हल नहीं किया जा सकता। इसके लिए हमें अपनी छोटी-छोटी आदतों में धीरे-धीरे परिवर्तन लाना होगा। केवल तभी हम इन परिस्थितियों में परिवर्तन ला सकते हैं। हमें कार्बन उत्सर्जन को कम करने के लिए उपाय खोजने होंगे। इसके लिए हमें अपनी सोच, अपने मस्तिष्क, विशेष रूप से अपने बच्चों के दिमाग में परिवर्तन के बीज डालने होंगे। क्या तकनीकी प्रगति प्रकृति एवं पर्यावरण पर पड़ने वाले इस कुप्रभाव को कम कर सकती है? इस प्रश्न के उत्तर में श्री बघेल कहते हैं, "प्रौद्योगिकी विलुप्त प्रजातियों को वापस नहीं ला सकती। प्रौद्योगिकी की सहायता से केवल प्रतिरोधक कदम उठाए जा सकते हैं। प्रकृति के मौलिक संसाधनों, जैसे कि, जल, वायु, मिट्टी आदि, का निर्माण नहीं किया जा सकता। मेरे विचार से इसका एकमात्र उपाय हरियाली, हरी (वनस्पति, पेड़-पौधे आदि) तथा आली (संस्कृति) है। 'हरियाली' से ही इन विषम परिस्थितियों में सकारात्मक एवं चमत्कारी परिवर्तन लाया जा सकता है। प्रत्येक जीवधारी प्रकृति में संतुलन बनाए रखने का काम करता है। इस प्राकृतिक संतुलन को बनाए रखने का प्रयास करना एवं पुनः पूर्व अवस्था में लाना हम सबका परम कर्त्तव्य है। अतः आप यथासंभव अधिक से अधिक पौधे लगाएँ, क्योंकि पौधों के बिना इस पृथ्वी पर कोई भविष्य नहीं होगा।

अभी हाल ही में प्रकाशित फ्रेंच जीव-विज्ञानी 'फ्रांसिस हैले' की पुस्तक 'Du bon usage des arbers (पेड़ों का सदुपयोग करें) के द्वारा एक संदेश दिया गया – आप मुझे एक वृक्ष दें और मैं इस विश्व को बचा लूँगा। यह पुस्तक निर्णयकर्त्ताओं एवं शहर के योजनाकारों को संबोधित करते हुए वृक्षों की सुरक्षा के बारे में है।

जीव-विज्ञानी फ्रांसिस हैले का कहना है, "अन्य वृक्षों की भाँति चिनार के वृक्षों का जीवन-काल बहुत लंबा होता है।" हैले इस बात का दावा करते हैं कि ये वृक्ष संभवतया अनश्वर होते हैं। उनका कहना है, "आयु बढ़ने पर मनुष्य वृद्ध हो जाता है, उसका जन्म ही मरने के लिए होता है, किंतु चिनार के वृक्ष कभी नष्ट नहीं होते।" एक बार जब इसकी पत्तियाँ गिर जाती हैं, तो वसंत ऋतु में इसका जीवन पुनः प्रारंभ हो जाता है तथा यह वृक्ष पुनः अपनी युवावस्था को प्राप्त कर लेता है। यदि चिनार का वृक्ष किसी दुर्घटना, बीमारी या मानवों का शिकार नहीं होता है, तो यह सदियों तक जीवित रह सकता है। इनकी प्रजाति का 100 वर्ष पुराना पेड़ तो एक बच्चे के समान होता है। रॉकब्रून-कैप-मार्टिन में जैतून का एक 2000 वर्ष पुराना वृक्ष है। कितनी अद्भुत बात है कि वृक्ष अपनी कॉलोनियाँ

भी बनाते हैं। पुनरुत्पादन के लिए वे अपने चारों तरफ बीजों का वितरण करते हैं, तथा उनकी जड़ों से भी अंकुर निकलते हैं, और इसीलिए 100 वर्ष पुराने चिनार के वृक्ष अपने छोटे-छोटे भाइयों से घिरे रहते हैं। यदि वृक्षों की आयु की बात करें तो 10,000 वर्ष, 13,000 वर्ष पुराने वृक्षों के रिकॉर्ड मिलते हैं। तस्मानिया में एक किलोमीटर के क्षेत्रफल में फैला हुआ 43,000 वर्ष पुराना वृक्ष है। हमारी जैविक प्रजातियों का इतिहास वृक्षों के जीवन से प्राप्त किया जा सकता है। वृक्षों के बारे में सबसे अच्छी बात यह है कि वे बिना चले-फिरे अपनी समस्याओं का समाधान खुद कर सकते हैं। वे आदर्श नागरिक, साज-सज्जा वाले, शांत, आर्थिक रूप से लाभकारी एवं साहसी प्रकृति के होते हैं, वे मात्र प्रकाश, पानी एवं उपलब्ध तत्त्वों से ही संतुष्ट रहते हैं तथा रसायनों के एक शस्त्रागार का निर्माण करके अपने शत्रुओं का पता लगा लेते हैं। पेड़ों के आस-पास बिलों में चूहों तथा कीड़े-मकोड़ों के रहने के कारण पेड़ विशेष प्रकार के अणुओं का निर्माण करते हैं तथा ऐसा करने में वे मनुष्य के लिए कैंसर निरोधक प्रभावी औषधि का निर्माण करते हैं। जैसा कि हम सभी जानते हैं नींबू, सनोबर, विलो तथा अखरोट के वृक्षों का औषधीय उद्देश्यों के लिए प्रयोग किया जाता है।

मनुष्य की त्वचा केवल 2 वर्ग मीटर की सतह (क्षेत्रफल) घेरती है, जबकि पत्तियों से युक्त मोनेको के आकार का 15 मीटर का वृक्ष कुल मिलाकर 200 हैक्टेयर का क्षेत्रफल घेरता है। वृक्ष की सतह का प्रत्येक अंग प्रत्येक पत्ती की दोनों ओर की सतह, तना, शाखाएं, जड़ें, जड़ों के रोम तथा संपूर्ण सतह साँस लेती है तथा हमें साँस लेने में सहायता देती है।

हैले का मानना है कि वानस्पतिक प्रकाश-संश्लेषण की क्रिया 'ग्लोबल वार्मिंग' के विरुद्ध लड़ने में हमारी सर्वोत्तम मित्र है। अन्य वृक्षों की भाँति बफौन का चिनार का वृक्ष ग्रीनहाउस गैसों के लिए जिम्मेदार कार्बनडाईऑक्साइड का बड़ी मात्रा में अवशोषण करता है। इस वृक्ष की लकड़ी, जड़ें, पत्तियाँ तथा फल सहित 20% से 50% के बीच सभी पदार्थ कार्बनडाईऑक्साइड से निर्मित होते हैं। पेड़ जब साँस लेते हैं तो वातावरण को स्वच्छ कर देते हैं तथा कार्बनडाईऑक्साइड एवं शहरी प्रदूषकों जैसे कि भारी धातुएँ, सीसा, मैंग्नीज, औद्योगिक अवशेषों एवं नाइट्रस ऑक्साइड को अपने अंदर धारण कर लेते हैं। ये लकड़ी में भंडारित होते हैं। इसलिए यथासंभव पुराने वृक्षों को कटने से रोका जाना चाहिए। वृक्ष जितने अधिक पुराने होते हैं, उतने ही बेहतर प्रदूषण नियंत्रक होते हैं।

वृक्ष वातावरण में हमारे लिए जीवनदायी ऑक्सीजन छोड़ते हैं। ऑक्सीजन के बिना मनुष्य का जीवन संभव नहीं है। एक वयस्क व्यक्ति प्रतिदिन लगभग 700 ग्राम या 255 कि.ग्रा. प्रतिवर्ष ऑक्सीजन का उपयोग करता है। किंतु एक वृक्ष प्रतिवर्ष औसतन 15 कि.ग्रा. से 30 कि.ग्रा. तक ऑक्सीजन का उत्पादन करता है। अतः एक व्यक्ति के लिए आवश्यक ऑक्सीजन प्रदान करने हेतु लगभग 10 वृक्षों की आवश्यकता होती है। वाष्पीकरण एवं स्वेदन की प्रक्रिया द्वारा वृक्ष वातावरण में नमी एवं ठंडक पैदा करते हैं। वृक्षों से युक्त 50 वर्गमीटर का क्षेत्रफल तापमान को 3.5°C तक कम करता है, तथा नमी में 50% तक की वृद्धि करता है। विशेष रूप से शंकुधारी वृक्षों में पत्तियों की क्रिया के दौरान ऋणात्मक आयनों का उत्सर्जन होता है, जिन्हें स्वास्थ्य एवं मनः स्थिति के लिए लाभदायक माना जाता है। इसके अतिरिक्त वृक्ष कई उपयोगी प्रजातियों का आश्रय-स्थल भी होते हैं। "विकासशील देशों में वनों के कटाव एवं वनावनति के कारण उत्सर्जन में कमी पर संयुक्त राष्ट्र द्वारा चलाए गए सहयोगी कार्यक्रम के अंतर्गत किए गए सर्वेक्षण यह दर्शाते हैं कि 20 वीं सदी में आधी पृथ्वी के वन नष्ट कर दिए गए। वर्ष 2000 से 2005 तक प्रतिवर्ष 7.3 मिलियन हेक्टेयर वनों की कटाई हुई थी अर्थात् एक दिन में 20,000 हेक्टेयर, परिणामस्वरूप 15% से 20% के बीच कार्बनडाईऑक्साइड के उत्सर्जन में वृद्धि हुयी है, क्योंकि जलाए जाने या काटे जाने पर वृक्ष कार्बन का उत्सर्जन करते हैं। संयुक्त राष्ट्र का मानना है कि वृक्षारोपण के द्वारा 21वीं सदी के पूर्वार्द्ध में कार्बन-उत्सर्जन की कमी को 15% तक पूरा किया जा सकता है।

सुबह से लेकर शाम तक आज हम जिन वस्तुओं का उपयोग करते हैं, उन सभी में कहीं न कहीं वृक्षों का योगदान होता है। भोजन, चाय, कॉफी, प्लास्टिक, औषधि और भी जीवनोपयोगी कई वस्तुएँ हमें वृक्षों से प्राप्त होती हैं। विश्वस्तर पर होने वाले वृक्षों के उत्पादों के प्रयोग को देखते हुए यदि वृक्षों में इसी दर से कमी आती रही तो स्थिति अत्यधिक भयावह हो जाएगी। दूसरी तरफ यदि हम सजग होकर अधिक से अधिक वृक्षारोपण करने में तत्परता दिखाएँगे तथा अन्य लोगों को भी प्रेरित करेंगे तो न केवल इस स्थिति में सुधार होगा, बल्कि यह पृथ्वी फिर से अपने पूर्व स्वरूप में आ जाएगी। लोग फिर से उसी सुख-समृद्धि का अनुभव कर सकेंगे।

आकाश में स्थित ग्रहों का हमारे जीवन पर बहुत गहरा प्रभाव होता है ये ग्रह जिस राशि के लिए अनुकूल होते हैं उसके जीवन में सुख, समृद्धि तथा

खुशियाँ भर देते हैं और जिस राशि के लिए प्रतिकूल होते हैं, उस राशि के व्यक्ति के लिए जीवन-यात्रा बहुत ही कष्टकारक बना देते हैं। जिस प्रकार ग्रहों का राशियों के साथ संबंध होता है, उसी प्रकार प्रत्येक ग्रह से संबंधित एक विशिष्ट पौधा होता है। क्योंकि आकाश में ग्रहों की स्थिति बदलती रहती है, अतः भिन्न-भिन्न राशियों के साथ ग्रहों के प्रभाव में भी बदलाव आता रहता है। कभी तो ये ग्रह किसी विशिष्ट राशि के लिए अनुकूल हो जाते हैं तथा कभी ये प्रतिकूल हो जाते हैं। यदि ग्रहों से प्रभावित राशि वाला व्यक्ति उस ग्रह के लिए समुचित मंत्र का जाप करते हुए उस ग्रह से संबंधित पौधा लगाए तो निश्चित रूप से उसकी राशि पर होने वाला प्रतिकूल प्रभाव अनुकूलता में बदल जाता है।

## नवग्रह वाटिका

**ग्रह :** पृथ्वी से आकाश की ओर देखने पर आसमान में स्थिर दिखने वाले पिण्डों/छायाओं को नक्षत्र और स्थिति बदलते रहने वाले पिण्डों/छायाओं को ग्रह कहते हैं। ग्रह का अर्थ है पकड़ना। सम्भवतः अंतरिक्ष से आने वाले प्रवाहों को धरती पर पहुँचने से पहले ये पिण्ड और छायायें उन्हें टी.वी. के एन्टीना की तरह आकर्षित कर पकड़ लेती है और पृथ्वी के जीवधारियों के जीवन को प्रभावित करती हैं। इसलिए इन्हें ग्रह कहा गया है और इन्हें बहुत महत्त्व दिया गया है।

## नवग्रह वाटिका व्याख्या

**नवग्रह :** भारतीय ज्योतिष मान्यता में ग्रहों की संख्या 9 मानी गयी है, जैसा निम्न श्लोक में वर्णित है :

सूर्यचन्द्रो मंगलश्च बुधश्चापि बृहस्पतिः।
शुक्रः शनैश्चरो राहुः केतुश्चेति नव ग्रहाः॥

अर्थात् सूर्य, चन्द्र, मंगल, बुध, बृहस्पति, शुक्र, शनि राहु और केतु ये नव ग्रह हैं। इनमें प्रथम 7 तो पिण्डीय ग्रह हैं और अन्तिम दो राहु और केतु पिण्ड रूप में नहीं हैं बल्कि छाया ग्रह हैं।

**ग्रहशान्ति :** ऐसी मान्यता है कि विभिन्न नक्षत्रों में इन ग्रहों की स्थिति का विभिन्न मनुष्यों पर विभिन्न प्रकार का प्रभाव पड़ता है, ये प्रभाव अनुकूल और प्रतिकूल दोनों होते हैं। ग्रहों के प्रतिकूल प्रभावों के शमन के अनेक उपाय बताये

गये हैं जिनमें एक उपाय यज्ञ भी है।

**समिधायें** : यज्ञ द्वारा ग्रह शान्ति के उपाय में हर ग्रह के लिए अलग-अलग विशिष्ट वनस्पति की समिधा (हवन प्रकाष्ठ) प्रयोग की जाती है, जैसा निम्न श्लोक में वर्णित है :

अर्कः पलाशः खदिरश्चापामार्गोऽथ पिप्पलः।

ऑडुम्बरः शमी दूर्बा कुशश्च समिधः क्रमात्।।

अर्थात् अर्क (मदार), पलाश, खदिर (खैर), अपामार्ग (लटजीरा), पीपल, ऑडुम्बर (गूलर), शमी, दूब और कुश क्रमशः (नवग्रहों की) समिधायें हैं।

## गरुड़ पुराण

### ग्रह अनुसार वनस्पतियों की सूची :

इस तरह ग्रह अनुसार वनस्पतियों की सूची निम्न प्रकार है :

| ग्रह | संस्कृत नाम | स्थानीय हिन्दी नाम | वैज्ञानिक नाम |
|---|---|---|---|
| सूर्य | अर्क | आक | कैलोट्रपिस प्रोसेरा |
| चन्द्र | पलाश | ढाक | ब्यूटिया मोनोस्पर्मा |
| मंगल | खादिर | खैर | अकेसिया कटेचू |
| बुध | अपामार्ग | लटजीरा | अकाइरेन्थस एस्पेरा |
| बृहस्पति | पिप्पल | पीपल | फाइकस रिलीजिओसा |
| शुक्र | औह बर | गूलर | फाइकस ग्लोमरेटा |
| शनि | शमी | छयोकर | प्रोसोपिस सिनरेरिया |
| राहु | दूर्वा | दूब | पाइनोडान डेक्टाइलान |
| केतु | कुश | कुश | हेस्मोस्टेचिया बाईपिन्नेटा |

ग्रहशांति के यज्ञीय कार्यों में सही पहचान के अभाव में अधिकतर लोगों को सही वनस्पति नहीं मिल पाती, इसलिए नवग्रह वृक्षों को धार्मिक स्थलों के पास रोपित करना चाहिए ताकि यज्ञ कार्य के लिए लोगों को शुद्ध सामग्री मिल सके। यही नहीं, यह विश्वास किया जाता है कि पूजा-अर्चना के लिए इन वृक्ष वनस्पतियों के संपर्क में आने पर भी ग्रहों के कुप्रभावों की शांति होती है अतः नवग्रह वनस्पतियों के रोपण की महत्ता और बढ़ भी जाती है।

**नवग्रह वाटिका :** नवग्रह मंडल में ग्रहानुसार वनस्पतियों की स्थापना करने पर वाटिका की स्थिति निम्नानुसार होगी :

## नवग्रह वाटिका

| (1) ग्रह-सोम<br>वृक्ष-पलाश<br>(Butea frondosa koenex)<br>रंग-सफेद | (2) ग्रह-मंगल<br>वृक्ष-खैर<br>(Acacia catechu)<br>रंग-लाल | (3) ग्रह-बुध<br>वृक्ष-अपामार्ग<br>(Achyranthus aspera)<br>रंग-हरा |
|---|---|---|
| (4) ग्रह-गुरु<br>वृक्ष-पीपल<br>(?cus religiosa)<br>रंग-पीला | (5) ग्रह-शुक्र<br>वृक्ष-गुलर<br>(Ficus glomerata)<br>रंग-सफेद | (6) ग्रह-शनि<br>वृक्ष-शमी<br>(Prosopls spicigeral)<br>रंग-काला |
| (7) ग्रह-राहू<br>दूब-दुर्वा<br>(Synodon dactylon)<br>रंग-नीला | (8) ग्रह-केतु<br>घास-कुश<br>(Saccharum sylindricum)<br>रंग-नीला | (9) ग्रह-सूर्य<br>वृक्ष-मदार<br>(Colotropls procera)<br>रंग-पीला |

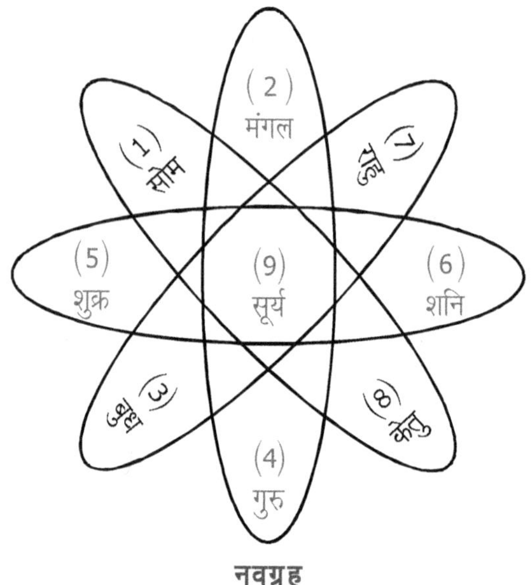


नवग्रह

नवग्रह वृक्षों की स्थापना में संभवतः इसी स्थिति क्रम का उपयोग करना सर्वाधिक उचित होगा। रोपण स्थल पर इन वनस्पतियों के बीच की दूरी इनके छत्र के अनुसार तथा उपलब्ध स्थान के अनुसार रखी जा सकती है।

**नवग्रहों वनस्पतियों के विशिष्ट गुण** : नवग्रहों वनस्पतियों की पहचान स्वरूप विशिष्ट गुण निम्न प्रकार है :

आक (मदार)

**1. आक (मदार)** : यह 4 से 8 फीट ऊँचाई वाला झाड़ीनुमा पौधा है यह प्रायः निर्जन बंजर भूमि पर पाया जाता है। इसके किसी भाग (किसी हिस्से) को तोड़ने पर सफेद रंग का दूधिया पदार्थ निकलता है। इसका पुष्प लालिमा लिये सफेद होता है, फल मोटी फली के रूप में पत्तों के वर्ण का होता है। बीज रोयेंदार होता है।

**2. ढाक (पलाश)** : यह मध्यम ऊँचाई का वृक्ष है। इसकी विशिष्ट पहचान इसके तीन पत्रों वाले पत्ते हैं जिसका उपयोग पत्तल दोना बनाने में किया जाता है। जिसकी ऊपरी सतह चिकनी होती है। पुष्प केसरिया लाल रंग के होते हैं जो फरवरी मार्च में लगते हैं।

ढाक (पलाश)

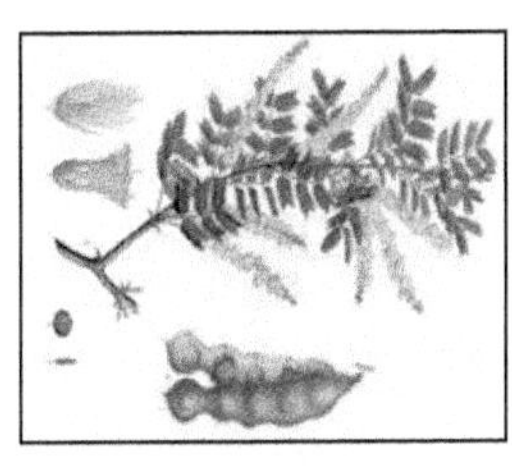

खदिर (खैर)

**3. खदिर (खैर)** : यह सामान्य ऊँचाई का रुक्ष-प्रकृति का वृक्ष है। सामान्यतः नदियों के किनारे की रेतीली शुष्क भूमि पर प्राकृतिक रूप से उगता है। पत्तियाँ बबूल सदृश छोटे-छोटे पत्रों से बनी होती हैं। फल शीशम सदृश फली के रूप में होते हैं।

**4. अपामार्ग (लटजीरा/चिचिड़ा)** : यह 3 फीट ऊँचाई का छोटा झाड़ीनुमा पौधा है। इसके पुष्प व फल एवं 20-22 लंबी शाख पर चारों तरफ स्थापित होते हैं। फल काँटेदार होते हैं तथा संपर्क में आने पर वस्त्रों पर चिपक जाते हैं। ऊर्ध्व शाख पर लगे पुष्प शीर्ष पर लालपन लिये तथा नीचे की तरफ हरापन लिये सफेद होते हैं।

अपामार्ग
(लटजीरा/चिचिड़ा)

पिप्पल  (पीपल)

**5. पिप्पल (पीपल) :** यह अतिशय ऊँचाई का विशालकाय वृक्ष है। पत्ते हृदयाकार चिकने होते हैं। आघात करने पर घाव से दूधिया द्रव निकलता है।

**6. औडुम्बर (गूलर) :** यह अच्छी ऊँचाई का वृक्ष है। पत्ते आदि चारा पत्ती के रूप में प्रयोग किये जाते हैं। फल गोल तथा वृक्ष पर गुच्छों के रूप में लगते हैं। कच्चे फल हरे तथा पकने पर गुलाबी लाल रंग के हो जाते हैं। जिन्हें पशु-पक्षी रुचि से खाते हैं।

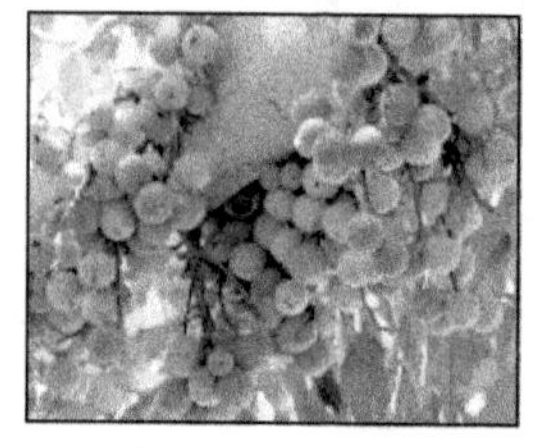

औडुम्बर  (गूलर)

शमी  (छयोंकर)

**7. शमी (छयोंकर) :** यह एक मध्यम ऊँचाई का बबूल सदृश वृक्ष है परंतु इसके काँटे बबूल से छोटे होते हैं। सामान्यत शुष्क बीहड़ भूमि पर पाया जाता है। फलियाँ गुच्छों के रूप में लगती हैं।

**8. दूर्बा (दूब) :** यह सबसे सामान्य रूप में पायी जाने वाली घास है जो प्रायः अच्छी भूमि पर उगती है तथा ‘लॉन ग्रास’ के नाम से ख्यातिप्राप्त है। हवन-यज्ञादि में यह घास प्रयोग में आती है।

दूर्बा  (दूब)

कुश

**9. कुश :** यह शुष्क बंजर भूमि में उगने वाली अरुचिकर घास है। यह एक अति पवित्र घास है जिसकी पूजा की ‘आसनी’ बनती है तथा यज्ञीय कार्यों में इसकी ‘पवित्री’ पहनते हैं।

जिसके भी ग्रह शुभ ना हों और कुदृष्टि डाल रहे हों, वह नवग्रह के मंत्रों का जाप और दान करके तथा उस ग्रह से संबंधित पौधे वृक्ष का रोपण करके ग्रहों को शांत कर के शुभ लाभ प्राप्त कर सकता है।

➢ **सूर्य :** सूर्य तांत्रिक मंत्र - 'ॐ हां हीं हौं सः सूर्याय नमः'। एकाक्षरी बीज मंत्र - ॐ घृणिः सूर्याय नमः।

**दान :** माणिक्य, गेहूँ, धेनु, कमल, गुड़, ताम्र, लाल कपड़े, लाल पुष्प, सुवर्ण।

**पौधारोपण :** सूर्य के तांत्रिक मंत्र या एकाक्षरी बीज मंत्र का जाप करते हुए अर्क (आक) के पौधे का रोपण करने से सूर्य ग्रह का प्रकोप शांत होता है।

➢ **चंद्र :** चंद्र तांत्रिक मंत्र - 'ॐ श्रां श्रीं श्रौं सः चन्द्रमसे नमः'। चंद्र एकाक्षरी मंत्र- ॐ सोम् सोमाय नमः।

**दान :** वंशपात्र, तंदुल, कपूर, घी, शंख।

**पौधारोपण :** चंद्रमा के प्रकोप को शांत करने के लिए पलाश (ढाक) का पौधा लगाना चाहिए।

➢ **भौम (मंगल) :** भौम मंत्र - 'ॐ क्रां क्रीं क्रौं सः भौमाय नमः'। भौम एकाक्षरी *मंत्र :* ॐ ॐ अंगारकाय नमः।

**दान :** प्रवाह, गेहूँ, मसूर, लाल वस्त्र, गुड़, सुवर्ण, ताम्र।

**पौधारोपण :** मंगल ग्रह की शांति के लिए खदिर (खैर) का पौधा लगाना चाहिए।

➢ **बुध :** बुध मंत्र - 'ॐ ब्रां ब्रीं ब्रौं सः बुधाय नमः'। बुध का एकाक्षरी मंत्र- 'ॐ बु बुधाय नमः'।

**दान :** मूँग, हरा वस्त्र, सुवर्ण, कांस्य।

**पौधारोपण :** अपामार्ग (लटजीरा या चिचिड़ा) का पौधा लगाने से बुध ग्रह का प्रकोप शांत होता है।

➢ **गुरु :** गुरु मंत्र - 'ॐ ग्रां ग्रीं ग्रौं सः गुरवे नमः'। गुरु का एकाक्षरी मंत्र- 'ॐ बृं बृहस्पतये नमः'।

**दान :** अश्व, शर्करा, हल्दी, पीला वस्त्र, पीतधान्य, पुष्पराग, लवण।

**पौधारोपण :** गुरु की कृपादृष्टि पाने के लिए पीपल का वृक्ष लगाना चाहिए जो कि हर प्रकार से शुभ फलदायक होता है।

➤ **शुक्र** : शुक्र मंत्र – 'ॐ द्रां द्रीं द्रौं सः शुक्राय नमः'। शुक्र का एकाक्षरी मंत्र- 'ॐ शुं शुक्राय नमः'।

**दान** : धेनु, हीरा, रुपए, सुवर्ण, सुगंध, घी।

**पौधारोपण** : शुक्र ग्रह की कोपदृष्टि से बचने के लिए ऑडुम्बर (गूलर) का पौधा लगाना चाहिए।

➤ **शनि** : शनि मंत्र – 'ॐ प्रां प्रीं प्रौं सः शनये नमः'। शनि का एकाक्षरी मंत्र- 'ॐ शं शनैश्चराय नमः'।

**दान** : तिल, तेल, कुलित्थ, महिषी, श्याम वस्त्र।

**पौधारोपण** : शमी (छयोंकर) का पौधा लगाने से शनि की कृपादृष्टि बनी रहती है।

➤ **राहु** : राहु मंत्र – 'ॐ भ्रां भ्रीं भ्रौं सः राहवे नमः'। राहु का एकाक्षरी मंत्र- 'ॐ रां राहवे नमः'। जप संख्या- 18,000।

**दान** : गोमेद, अश्व, कृष्णवस्त्र, कम्बल, तिल, तेल, लोहा, अभ्रक।

**पौधारोपण** : राहु के प्रकोप से बचने के लिए दूर्बा (दूब) घास को अपने प्रांगण में अवश्य रोपित करना चाहिए।

➤ **केतु** : केतु का तांत्रिक मंत्र – 'ॐ स्त्रां स्त्रीं स्त्रौं सः केतवे नमः'। केतु का एकाक्षरी *मंत्र* : 'ॐ के केतवे नमः'। जप संख्या- 17,000।

**दान** : तिल, कंबल, कस्तूरी, शस्त्र, नीम वस्त्र, तेल, कृष्णपुष्प, छाग, लौहपात्र।

**पौधारोपण** : कुश के पौधे से केतु की प्रतिकूल दशा शांत होती है।

★ ★ ★

पर्यावरण का रखें ध्यान,
तभी बनेगा देश महान।

# वृक्षों से पाएँ सुख-समृद्धि

कैसे बनाएँ जीवन को सुखमय?
कैसे पाएँ जीवन में समृद्धि?

प्रकृति समस्त जीवों के जीवन का मूल आधार है। प्रकृति का संरक्षण एवं संवर्धन जीवन जगत के लिए बेहद ही अनिवार्य है। प्रकृति पर ही पर्यावरण निर्भर करता है। गर्मी, सर्दी, वर्षा आदि सब प्रकृति के संतुलन पर निर्भर करते हैं। यदि प्रकृति समृद्ध एवं संतुलित होगी तो पर्यावरण भी अच्छा होगा और सभी मौसम भी समयानुकूल संतुलित रहेंगे। यदि प्रकृति असंतुलित होगी तो पर्यावरण भी असंतुलित होगा और अकाल, बाढ़, भूस्खलन, भूकम्प आदि अनेक प्रकार की प्राकृतिक आपदाएँ कहर ढाने लगेंगी। प्राकृतिक आपदाओं से बचने और पर्यावरण को शुद्ध बनाने के लिए पेड़ों का होना बहुत जरूरी है। पेड़ प्रकृति का आधार हैं। पेड़ों के बिना प्रकृति के संरक्षण एवं संवर्धन की कल्पना भी नहीं की जा सकती है। इसीलिए हमारे पूर्वजों ने पेड़ों को पूरा महत्त्व दिया। वेदों-पुराणों और शास्त्रों में भी पेड़ों के महत्त्व को समझाने के लिए विशेष जोर दिया गया है। पुराणों में स्पष्ट तौर पर लिखा है कि एक पेड़ लगाने से उतना ही पुण्य मिलता है, जितना कि दस गुणवान पुत्रों से यश की प्राप्ति होती है। इसलिए, जिस प्रकार हम अपने बच्चों को पैदा करने के बाद उनकी परवरिश बड़ी तन्मयता से करते हैं, उसी तन्मयता से हमें जीवन में एक पेड़ तो जरूर लगाना चाहिए और पेड़ लगाने के बाद उसकी सेवा व सुरक्षा भी करनी चाहिए। तभी हमें पेड़

लगाने का परम पुण्य हासिल होता है। भविष्य पुराण में वर्णन मिलता है कि जिसकी संतान नहीं है, उसके लिए वृक्ष ही संतान हैं। वृक्ष एक तरह से संतान की तरह ही मानव की उम्रभर सेवा करते हैं। इसलिए प्रत्येक व्यक्ति को एक पेड़ अवश्य लगाना चाहिए।

यदि प्रकृति को ईश्वर का दूसरा रूप कहा जाए तो कदापि गलत नहीं होगा। प्रकृति पेड़ों पर निर्भर करती है। पेड़ लगाना प्रकृति का संरक्षण व संवर्धन है और प्रकृति का संरक्षण व संवर्धन ईश्वर की श्रेष्ठ आराधना है। एक पेड़ लगाने से असंख्य जीव-जंतुओं के जीवन का उद्धार होता है और उसका अपार पुण्य सहजता से हासिल होता है। एक तरह से पेड़ लगाने से अपार पुण्य की प्राप्ति होती है। भारतीय संस्कृति में भी वृक्षारोपण को अति पुण्यदायी माना गया है। शास्त्रों में लिखा गया है कि एक पेड़ लगाने से एक यज्ञ के बराबर पुण्य मिलता है—

दश कूप समः वापी, दश वापी समोह्रदः।

दश ह्रदः समः पुत्रो, दश पुत्रो समोद्रुमः।।

**भावार्थ—** दस कुएँ खुदवाने में जितना पुण्य मिलता है उतना ही पुण्य एक बावड़ी खुदवाने में तथा दस बावड़ी खुदवाने में उतना ही पुण्य प्राप्त होगा जितना एक तालाब खुदवाने में मिलता है। दस तालाब खुदवाने के पुण्य के बराबर पुण्य एक पुत्र पैदा करने से मिलता है और दस पुत्रों के पैदा करने के बराबर पुण्य एक पेड़ लगाने से मिलता है।

**पद्म पुराण में तो यहाँ तक लिखा है कि जलाशय (तालाब/बावड़ी) के निकट पीपल का पेड़ लगाने से व्यक्ति को सैकड़ों यज्ञों के बराबर पुण्य की प्राप्ति होती है। केवल इतना ही नहीं भारतीय संस्कृति में एक पेड़ लगाना, सौ गायों का दान देने के समान माना गया है।**

पेड़ गुणों के समृद्ध भण्डार हैं। पेड़ों की जड़, तना, पत्ते, लकड़ी, फूल, फल, छाया, छाल आदि सब चीजें बेहद गुणकारी औषधि होने के साथ-साथ मानव जीवन का अभिन्न अंग हैं। पेड़ों द्वारा कार्बनडाइक्साईड को सोखने और बदले में ऑक्सीजन छोड़ने का गुण समस्त जीवों के जीवन के लिए वरदान है। पेड़ प्राकृतिक संतुलन के साथ-साथ आर्थिक योगदान में भी अग्रणी भूमिका निभाते हैं। फर्नीचर उद्योग, कागज उद्योग, औषधि उद्योग, कपड़ा उद्योग आदि सब पेड़ों पर ही निर्भर करता है। मकान निर्माण से लेकर रोजगार निर्माण तक पेड़ बहुत अहम भूमिका निभाते हैं। पेड़ों पर पलने वाले अनेक जीव मानवीय जीवन को स्वस्थ व सुदृढ़ बनाने

में प्रमुख भूमिका निभाते हैं। प्राचीन काल में मानव आवास, खाद्य, सुरक्षा एवं औषधि आदि अनेक रूपों में पेड़ों पर ही निर्भर करता था। आदिकाल से आधुनिक काल तक पेड़ों की महत्ता में तनिक भी कमी नहीं आई है।

वास्तुशास्त्र में औषधीय पेड़-पौधों को सुख, शांति, समृद्धि एवं संतति प्राप्ति का आधार स्तम्भ माना गया है। पेड़ लगाने से तमाम वास्तुदोष दूर हो जाते हैं और अनेक दिव्य पुण्यों और लाभों की प्राप्ति होती है। औषधीय पौधे धार्मिक स्वरूप के साथ-साथ वैज्ञानिक रूप में भी बेहद लाभदायक हैं। पुराणों में वृक्षों के पूजन और उनके महत्त्व का अपार वर्णन मिलता है। तुलसी, अनार, शमी, पीपल, केला, हरसिंगार, गुड़हल, श्वेत आक, कमल, मनीप्लांट, अशोक, आँवला, अश्वगंधा, नारियल, नीम, शलावर, बिल्व, बरगद, गूलर, बहेड़ा, नींबू आदि अनेक तरह के औषधीय पौधे जहाँ धार्मिक अनुष्ठानों में पुण्यदायी माने गए हैं, वहीं अनेक रोगों के निवारण में भी रामबाण सिद्ध होते हैं। ब्रह्मांड पुराण में धन की देवी लक्ष्मी को कदंब वन-वासिनी के रूप में अलंकृत किया गया है। कदंब के पुष्पों से भगवान विष्णु की पूजा की जाती है। भगवान विष्णु को बालरूप में वटपत्रशायी के रूप में उद्बोधित किया जाता है। बृहदारण्यक उपनिषद में वृक्ष को पुरुष का स्वरूप माना गया है।

शास्त्रों के अनुसार एक पीपल, एक बरगद, दस इमली, कैथ, बेल, आँवले और आम के तीन-तीन पेड़ लगाने से मनुष्य को कभी भी नरक का गमन नहीं करना पड़ेगा, अर्थात् उसे कभी नरक में नहीं जाना पड़ेगा। भविष्य पुराण में वर्णन मिलता है कि पीपल के तीन पेड़ लगाने से सद्गति मिलती है। **इसके साथ ही लिखा है कि कदंब लगाने से लक्ष्मी की प्राप्ति होती है, अशोक लगाने से शोक का नाश होता है, जामुन से धन की प्राप्ति होती है, बेल-पत्र से लंबी आयु मिलती है, तेंदू से कुल की वृद्धि होती है, अनार से विवाह के योग बनते हैं, सुपारी से सिद्धि की प्राप्ति होती है, शमी से भयंकर रोगों से छुटकारा मिलता है, शीशम लगाने से लोक-परलोक दोनों सुधरते हैं और केसर का वृक्ष लगाने से शत्रुओं का नाश होना बताया गया है।**

कुल मिलाकर पेड़ सृष्टि का आधार हैं। इनका पौराणिक ही नहीं वैज्ञानिक महत्त्व भी है। इनके द्वारा उत्सर्जित ऑक्सीजन और कार्बनडाइक्साईड गैस के अवशोषण के गुण मानव जीवन के लिए अमोघ वरदान हैं। पेड़-पौधे धार्मिक

कार्यकलापों के साथ-साथ स्वास्थ्य एवं रोजगार के क्षेत्र में भी अहम भूमिका निभाते हैं। प्राकृतिक संतुलन में पेड़ मुख्य भूमिका निभाते हैं। प्राकृतिक आपदाएँ, प्रकृति के असंतुलन से ही बढ़ी हैं। यदि इन पर अंकुश लगाना है तो पौधारोपण पर अधिक से अधिक जोर देना होगा। पौधारोपण करने के उपरांत उनकी सुरक्षा करना बेहद जरूरी हो जाता है। प्रतिवर्ष लाखों पेड़ लगाए जाते हैं, लेकिन सुरक्षा एवं देख-भाल के अभाव में वे जल्द ही दम तोड़ जाते हैं। इससे कोई लाभ नहीं होने वाला है। हमें यह निश्चय करना होगा कि जहाँ से एक पेड़ कटे, वहाँ कम से कम दो पेड़ लगाने चाहिए। यदि हम हर पर्व, जन्मदिन अथवा अन्य खुशी के पावन अवसरों पर पौधारोपण करने व पौधे उपहार स्वरूप देने की परंपरा शुरू करने का निश्चय करें तो निःसंदेह अल्प समय में ही यह धरा वृक्षों से हरी-भरी हो जायेगी और चहुँओर सुख, समृद्धि एवं शांति की अनहद बयार बहती नजर आयेगी। प्राकृतिक आपदाओं से मुक्ति तो मिलेगी ही, साथ ही अपार पुण्य एवं मानसिक शांति की भी प्राप्ति होगी।

आज के अर्थ-युग में प्रत्येक व्यक्ति के मन में एक ही लालसा है, किसी न किसी प्रकार से अधिकाधिक धन अर्जित करने की, अमीर बनने और समृद्धि प्राप्त करने की जिसके लिए वह हर प्रकार के उपाय करता है, यहाँ तक कि छल-कपट और धोखाधड़ी का भी सहारा लेता है, किंतु आधुनिकता की दौड़ में वह इतना आगे निकल आया है कि अपने मूल स्रोत के बारे में विचार करने का उसके पास न तो समय है, और न ही उस तरफ उसका ध्यान जाता है। जबकि हम भली प्रकार जानते हैं कि इन सभी साधनों की एक मात्र प्रदाता केवल वन और वनस्पतियाँ हैं, और जिन लोगों ने इस तथ्य को समझ लिया है, वे न केवल सुखी और समृद्ध हैं, बल्कि एक आनंदपूर्ण वातावरण में हर्षोल्लास के साथ जीवन व्यतीत कर रहे हैं। स्वयं तो वे एक अलौकिक आनंद की प्राप्ति कर ही रहे हैं, इसके साथ-साथ अन्य लोगों को भी अपने कार्यों से उसी मार्ग पर आगे बढ़ने के लिए प्रेरित कर रहे हैं। आज लोगों के पास धन है, वे उसे निवेश करना चाहते हैं ऐसे साधनों में जिससे उनके मूलधन में और वृद्धि हो सके। इसके लिए आज एक परंपरा सी बन चुकी है कि यदि आपके पास पैसा है तो उसे स्टॉक्स में तथा बौंड्स में निवेश करना चाहिए, और अधिकांश लोग ऐसा करते भी हैं। अवश्य ही लोगों को इससे लाभ होता होगा, उनके धन में वृद्धि भी होती होगी, तभी इस क्षेत्र में निवेश करने के लिए, लोगों की भीड़ लगी रहती है। किंतु कई

लोगों को इससे होने वाली हानि के लिए पछताते हुए भी देखा है। खैर, यह तो अपनी-अपनी पसंद की बात है, किंतु यहाँ बात हो रही है ऐसी सुख-समृद्धि प्राप्त करने की, जो शाश्वत हो, जो संपन्नता के साथ-साथ मानसिक सुख भी प्रदान करे। इसका एक बहुत अच्छा उदाहरण पिछले कुछ वर्षों में ब्रिटिश में देखने को मिला। वहाँ के स्थानीय लोगों ने हरे-भरे जंगलों में अपने धन का निवेश किया। इस निवेश के परिणामस्वरूप उन लोगों ने स्टॉक्स एवं बौंड्स में निवेश करने वालों की तुलना में औसतन बेहतर लाभ अर्जित किया। ब्रिटेन में आई पी डी यू के एनुअल फॉरेस्ट्री इंडेक्स के अनुसार पिछले वर्ष 18.4% जंगलों की वापसी हुई तथा वर्ष 2010 से अस्थायी रूप से बढ़ते हुए अब औसतन 21% हो गयी है।

आज के समय में जिन लोगों ने पर्यावरण की इस आवश्यकता को अधिकता से समझा है तथा गहराई से महसूस किया है उनमें एक नाम सबसे प्रमुख स्थान पर है, 'ग्रीनमैन श्री विजयपाल बघेल'। पर्यावरण कार्यकर्त्ता ग्रीनमैन श्री विजयपाल बघेल कहते हैं, "जब मैं पाँच वर्ष का था, उस समय मेरे दादा जी मुझे एक संबंधी के घर ले गये। रास्ते में मैंने देखा कि लकड़हारों का एक समूह एक पेड़ को काट रहा था। उस पेड़ पर जहाँ भी चोट पड़ती थी, वहीं से पानी जैसा तरल पदार्थ टपकने लगता था। उस समय मेरे मन में उठने वाले विचार मुझे आज भी याद हैं। मुझे ऐसा महसूस हुआ जैसे कि वह पेड़ रो रहा हो। मैंने दादाजी से पूछा, 'दादाजी, क्या यह पेड़ रो रहा है?' किंतु वे मेरे सवाल का जवाब नहीं दे सके। मैं इतना छोटा था कि, मैं उन लकड़हारों को रोक नहीं सकता था, अत: मैंने दादा जी से आग्रह किया कि वे उन लकड़हारों को वहाँ से भगाएँ। यद्यपि वह एक छोटी सी सफलता थी, किंतु वह छोटी सी सफलता मेरे 'आज' की नींव का पत्थर बन गई। आज मैं जो भी हूँ, वह उस छोटी सी सफलता का ही परिणाम है। उसी समय से मैंने निश्चय कर लिया कि मैं पेड़ों की रक्षा करूँगा। तब से लेकर आज तक मैं पर्यावरण के बारे में सीखने की कोशिश कर रहा हूँ तथा इस बात को यथासंभव लोगों तक पहुँचा रहा हूँ।"

ग्रीनमैन बघेल का कहना है, "पेड़ बचाओ, बाँस उगाओ। 200 एकड़ भूमि में बाँस की खेती करने से 16000 टन कार्बन की जब्ती (खपत) तथा 12000 टन ऑक्सीजन का उत्पादन होता है। भूमि की ऊपरी परत जो कि खेती के लिए उपजाऊ होती है तथा कोई रुकावट न होने के कारण तीव्र वायु तथा वर्षा के

पानी के साथ बह जाती है, बाँस की खेती से इस भू-क्षरण में 75% तक की कमी की जा सकती है।"

इसके अतिरिक्त वन-संसाधन नकद आय के स्रोत के रूप में भी हमारे लिए बहुत लाभदायक हैं। विभिन्न प्रकार के जंगलों से ग्रामीण एवं शहरी बाजारों के लिए असंख्य प्रकार के उत्पाद एकत्र किए जाते हैं। विपणन हेतु प्रयोग किए जाने वाले इन विभिन्न वन-उत्पादों की स्थिति नकद राशि की आवश्यकता, बाजारों तक पहुँच, उपलब्ध उत्पादों की मात्रा एवं उनके संग्रह के लिए उपलब्ध समय एवं बिक्री पर निर्भर करती है। इन उत्पादों में ताड़ (Palm) के उत्पाद (तेल, शराब, फल, भवन-निर्माण एवं टोकरियों तथा अन्य शिल्पकारी के कार्यों के लिए पत्ते), जंगली फल तथा अन्य खाद्य पदार्थ, ईंधन की लकड़ी आदि आय के महत्त्वपूर्ण साधन हैं। इन उत्पादों से होने वाली आय हमारी आर्थिक आवश्यकताओं तथा निजी जरूरतों को तो पूरा करती ही है, साथ ही हमें प्राकृतिक संसर्ग का सुख भी प्राप्त होता है। कई प्रकार के वन-उत्पादों की मार्केटिंग कई लोगों के लिए विशेष रूप से लाभकारी है, जिनमें उत्पादक, गाँवों, स्थानीय एवं शहरी क्षेत्रों के थोक एवं फुटकर व्यापारी सम्मिलित हैं। ये सभी इन वन्य उत्पादों से होने वाली आय का लाभ प्राप्त करते हैं।

आज मनुष्य सबसे ज्यादा त्रस्त प्रदूषण की समस्या से है, जिसने मनुष्य के जीवन को नर्क से भी बदतर बनाया हुआ है। इनमें वायु-प्रदूषण, भू-प्रदूषण एवं जल-प्रदूषण ऐसी समस्याएँ हैं, जिनका कारण भी वृक्ष हैं और निदान भी वृक्ष हैं। कारण इसलिए क्योंकि वृक्षों की अनवरत कटाई से ही यह स्थिति उत्पन्न हुई है। निदान इसलिए क्योंकि इस समस्या का एकमात्र समाधान है-अधिक से अधिक वृक्ष लगाना। 'ग्रीनमैन' श्री विजयपाल बघेल द्वारा प्रस्तुत किए गए निम्न आँकड़े वृक्षारोपण से होने वाले लाभों को दर्शाते हैं।

**✷ ✷ ✷**

# बाँस : पर्यावरण के सच्चे मित्र

कई समाजसेवी संस्थाओं से जुड़े 'श्री दिनेश वर्मा जी' पर्यावरण की सुरक्षा के प्रति चिंता व्यक्त करते हुए आज के समाज में अधिक से अधिक वृक्ष लगाने की जोरदार हिमायत करते हैं। इस पुस्तक के माध्यम से उन्होंने समाज के सभी वर्गों से ऐसे वृक्ष लगाने की पुरजोर सिफारिश की है जिनके द्वारा कम से कम समय में पर्यावरण को अधिक से अधिक लाभ पहुँच सके। बाँस एक ऐसी ही घास प्रजाति का पौधा है। दिनेश जी का कहना है, "पारंपरिक रूप से वन्य-जीवन के अनिवार्य सहयोगी के रूप में बाँस अब महत्त्वपूर्ण स्थान ले चुका है। आज सारा विश्व बाँस से होने वाले आर्थिक लाभों के प्रति जागरूक हो चुका है। आज बाँस विश्व की अर्थव्यवस्था में अपना महत्त्वपूर्ण स्थान बना चुका है। ऐसा अनुमान है कि दुनिया भर में बाँस का कुल उपयोग अरबों डॉलर तक पहुँचने की संभावना है।

विश्व में जितने भी भूकंप प्रभावित देश हैं, वहाँ पर बाँस का महत्त्वपूर्ण योगदान है। इन देशों में बाँस का भवन-निर्माण से लेकर खान-पान व कुटीर उद्योग तक में बहुतायत से उपयोग किया जाता है। इसी तथ्य को ध्यान में रखते हुए भारत में भी इसके बहु-विध उपयोग की संभावना बढ़ी है। भारत में तो वैदिक काल से ही दवाओं और इमारती लकड़ी में इसका उपयोग किया जाता रहा है। आज भी इसका उपयोग खाद्य-पदार्थ के रूप में, लघु एवं कुटीर उद्योगों में, पैकिंग उद्योग में, कागज उद्योग आदि क्षेत्रों में किया जा रहा है।"

**बाँस का औषधीय उपयोग :** प्राचीन भारतीय चिकित्सकों 'चरक' और 'सुश्रुति' आदि ने विभिन्न आयुर्वेदिक औषधियों के रूप में बाँस के उपयोग का उल्लेख किया है। वैदिक काल में इसका उपयोग दमा, खाँसी व हड्डी जोड़ने के उपचार में सहायक के रूप में किया जाता था। गाँवों में पशु-चिकित्सा के लिए बाँस की पत्ती का विशेष रूप से उपयोग किया जाता है तथा मादा पशुओं को प्रसव के समय बाँस की पत्तियाँ खिलाई जातीं हैं। विविध बीमारियों में बाँस के द्वारा चिकित्सा संबंधी अनुसंधान अभी भी जारी है।

**बाँस का भोजन संबंधी उपयोग :** अपने आयुर्वेदिक गुणों के कारण आजकल बाँस का रस बहुत लोकप्रिय हो रहा है। बाँस के पत्तों से बनाया हुआ गहरे भूरे रंग का यह पदार्थ उच्च कोटि की तकनीक से निकाला व साफ किया जाता है।

ध्यान देने योग्य बात यह है कि बाँस की पत्तियाँ बहुत गरम होतीं हैं। इसका अधिक समय तक सेवन करने से रक्त में लिपिड की मात्रा घटती है, हृदय मजबूत होता है तथा मनुष्य की आयु बढ़ती है। बाँस के पत्तों से बीयर तैयार की जाती है। बाँस की जड़ में जमीन के अंदर कंद (राइजोम) होता है, जो बड़ा होकर बाँस का तना बनता है। बाँस के कंद को शूट कहते हैं। जमीन की सतह पर बाहर निकलते ही इसे काट लिया जाता है तथा इसे ताजा या प्रोसेस करके खाया जाता है। सूखे हुए तथा ताजा कंद (शूट) बहुत ही स्वादिष्ट तथा पौष्टिक होते हैं। बाँस का कंद (शूट) ग्रामीण अर्थव्यवस्था के विकास में महत्त्वपूर्ण योगदान कर सकता है। वर्षा ऋतु में यह ग्रामीणों के लिए अतिरिक्त आय का स्रोत बनकर उनकी बहुत सहायता करता है। देश के पूर्वोत्तर भागों में बाँस के शूट प्रमुख भोजन के रूप में प्रयोग किए जाते हैं, यही कारण है कि वहाँ के बाजारों में इनकी पर्याप्त खपत होती है।

**भवन-निर्माण में बाँस का उपयोग :** भूकंप प्रभावित क्षेत्रों में भवन-निर्माण के लिए बाँस का प्रयोग मुख्य रूप से किया जाता है। ग्रामीण क्षेत्रों में यह लोहे और इस्पात का महत्त्वपूर्ण विकल्प है। इसका लचीलापन इसकी उपयोगिता को और  भी बढ़ा देता है, क्योंकि लचीलेपन के कारण इसे मनचाहा रूप दिया जा सकता है। गाँवों में इसका उपयोग टट्टर, छप्पर व खपरैल के घरों में बहुत अधिक किया जाता है। पर्यावरण के अनुकूल होने के कारण भवन-निर्माण के लिए यह बहुत ही महत्त्वपूर्ण साधन है।

**लघु एवं कुटीर उद्योगों में बाँस का उपयोग :** कागज-निर्माण के लिए बाँस अत्यधिक महत्त्वपूर्ण है। इसके अतिरिक्त अन्य लघु व घरेलू उद्योगों में इसका काफी उपयोग किया जाता है। बाँस की छोटी-छोटी तीलियों का उपयोग अगरबत्ती, पेंसिल, माचिस आदि के निर्माण में किया जा सकता है। अगरबत्ती उद्योग के लिए तो बाँस एक महत्त्वपूर्ण आधार है। हस्त-शिल्प के आकर्षक सामान बनाने में बाँस का बहुत अधिक उपयोग किया जाता है।

**पर्यावरण हितैषी बाँस :** बाँस के पौधे को परिपक्व होने में मात्र 2 से 5 साल का समय लगता है, जबकि अन्य वृक्षों को तैयार होने में 25 से 50 साल का समय लग जाता है। यह धरती पर सबसे तेजी से बढ़ने वाला पौधा है। इसकी कुछ प्रजातियाँ तो एक दिन में 8 सें.मी. से 40 सें.मी. तक बढ़ जातीं हैं। जापान में बाँस की एक किस्म ऐसी है जिसकी बढ़वार विश्व में सबसे अधिक आँकी गई है। बाँस की यह किस्म 24 घंटे में 1 मीटर से भी अधिक बढ़ जाती है। क्योंकि पुनः तैयार होने में इसे मात्र 3 माह का ही समय लगता है, अतः इसकी कटाई से पर्यावरण पर भी कोई प्रतिकूल प्रभाव नहीं पड़ता है। बाँस मिट्टी की ऊपरी परत का संरक्षण करते हैं जो कि बहुत उपजाऊ होती है, क्योंकि आपस में जुड़े हुए इसके भूमिगत कंद मिट्टी की ऊपरी सतह को अपनी जगह पर मजबूती से जकड़े रहते हैं जिससे कि तेज वर्षा और आँधी में भी भूमि की ऊपरी उपजाऊ परत सुरक्षित रहती है।

इस प्रकार हम देखते हैं कि बाँस मजबूत औद्योगिक आधार, पर्यावरण मित्र तथा आवास-निर्माण के क्षेत्र में इस्पात और प्लास्टिक का अच्छा व किफायती विकल्प होने के साथ-साथ लघु-उद्योगों, हस्त-शिल्पों, अगरबत्तियों, चिकित्सा संबंधी उपयोगों तथा कई अन्य क्षेत्रों में बाँस के उपयोग की अत्यधिक संभावनाएँ हैं।

**सावधानी :** हर प्रकार से उपयोगी होने के बावजूद बाँस के कुछ दुष्परिणाम भी सामने आए हैं। हमें उनके प्रति बहुत ही सजग रहने की आवश्यकता है। बाँस के फूलों को अकाल, दुःख और गरीबी का कारण माना जाता है। यद्यपि बाँस में फूल 15-20 साल के अंतराल के बाद ही आते हैं, किंतु इसमें जब भी फूल आते हैं, तो पूरे झुरमुट में एक साथ ही खिलते हैं जिसे सामूहिक पुष्पन कहा जाता है। बाँस के जीवन-काल में केवल एक बार ही फूल खिलते हैं तथा फूल खिलने के बाद झुरमुट के सभी बाँस नष्ट भी हो जाते हैं।

सामूहिक पुष्पन के तुरंत बाद जई की बाली जैसे दिखने वाले ये फूल पूरे क्षेत्र में बिखर जाते हैं जिनमें धान जैसे छोटे-छोटे बीज होते हैं। बाँस के ये बीज चूहों का प्रिय भोजन होते हैं, जिन्हें खाकर चूहों की प्रजनन-शक्ति तेजी से बढ़ती है। बाँस का बीज खत्म होने के बाद चूहों की ये विशाल फौज किसानों के खेत-खलिहानों पर धावा बोल देती है। देखते ही देखते चूहे सारी फसल और खलिहान को नष्ट कर देते हैं जिसके बाद अकाल और महामारी का दौर शुरू होता है।

कहा जाता है कि 1910-13 के बीच पड़ने वाला अकाल तथा 1959 में मिजोरम, त्रिपुरा और असम में पड़ने वाला अकाल बाँस के सामूहिक पुष्पन का ही परिणाम था जिसने मिजो-विद्रोह को जन्म दिया था।

**समाधान :** 27 फरवरी 2004 से मार्च 2004 तक चलने वाले विश्व बाँस कांग्रेस में बाँस के सामूहिक पुष्पन, सामूहिक विनाश और अकाल के संबंध में विचार-विमर्श किया गया तथा उचित प्रबंधन की आवश्यकता पर जोर दिया गया। इस समस्या से निपटने के लिए यह सुझाव दिया गया कि प्रजनन-विधि से बाँस के नए पौधे तैयार किए जाएँ और तुरंत उनका रोपण कर दिया जाए ताकि वन पारिस्थितिकी-तंत्र पर प्रतिकूल प्रभाव न पड़े। वनों से बाँस के बीज इकट्ठे कर लिए जाएँ ताकि चूहों के पेट में जाने की वजाय इनसे आर्थिक लाभ प्राप्त किया जा सके, क्योंकि बाजार में इसकी अच्छी माँग होती है। इस बात पर विशेष ध्यान दिया जाना चाहिए कि उचित प्रबंधन द्वारा इन पौधों को पुष्पवन बनने का अवसर ही न दिया जाए। एक बार पुष्पन प्रारंभ होने पर अन्य पौधों की पुष्पन से पूर्व ही कटाई करके उनको व्यावसायिक उपयोग में लाया जाए या फिर किसी भी पौधे को 10-12 वर्ष से अधिक बढ़ने का अवसर ही न दिया जाए। सामूहिक रणनीति बनाकर जन-सामान्य को इसके प्रति जागरूक बनाने का प्रयास किया जाना चाहिए।

हालाँकि, प्राचीन हिंदू रीति-रिवाजों के अनुसार बाँस का लगाना शुभ नहीं माना जाता है, किंतु यह एक पुरानी मान्यता है। यह मान्यता भी शायद हमारे पूर्वजों ने बाँस के पुष्पन के पश्चात् चूहों की वृद्धि तथा उनके द्वारा किए जाने वाले फसल के नुकसान को ध्यान में रखते हुए तथा अकाल एवं महामारी जैसी त्रासदी से बचने के लिए ही विकसित की होगी। इसमें कोई शक नहीं कि हमारे पूर्वज बहुत ही दूरदर्शी थे तथा जन-हित को सर्वोपरि मानते थे। यही कारण है कि उन्होंने बाँस से होने वाले लाभों को नजरअंदाज करके जन-समुदाय को उसके दुष्परिणामों से बचाने के लिए बाँस को

अशुभ घोषित कर दिया तथा इस प्रकार की मान्यता विकसित की ताकि लोग इसके भावी दुष्परिणामों से सुरक्षित रह सकें। किंतु आज हम विज्ञान के युग में जी रहे हैं तथा वैज्ञानिक विधि से हर समस्या का समाधान निकाल सकते हैं। आज हम यह जान चुके हैं कि संपूर्ण वनस्पति-जगत में बाँस ही एक ऐसा पौधा है जो सबसे कम समय में तैयार होता है तथा सबसे अधिक लाभ प्रदान करता है। वैज्ञानिक तथ्यों के आधार पर यह सिद्ध किया जा चुका है कि अन्य वृक्षों की तुलना में बाँस 30 प्रतिशत अधिक ऑक्सीजन देता है तथा सबसे कम समय में तैयार होता है। इसके अतिरिक्त बाँस का औद्योगिक उपयोग भी बहुत अधिक है। इसके साथ-साथ एक मान्यता यह भी है कि बाँस का पौधा घर के मुखिया के लिए बहुत ही शुभ होता है।

आधुनिक मान्यताओं के अनुसार बाँस का पौधा आपकी सफलता और समृद्धि के लिए शुभ होता है, इसीलिए लोग आजकल अपने घरों एवं कार्यालयों में बाँस का पौधा लगाते हैं। फेंगशुई में बाँस को उन्नति, दीर्घायु एवं समृद्धि का प्रतीक माना जाता है। बाँस संसार का एकमात्र ऐसा पौधा है, जो प्रत्येक वातावरण में तथा कठिन से कठिन परिस्थिति में भी तेजी से बढ़ता है।

भारतीय वास्तुशास्त्र में भी बाँस को बहुत शुभ माना गया है। मान्यता यह है कि जहाँ बाँस का पौधा होता है वहाँ बुरी आत्माओं का प्रभाव नहीं होता है। भगवान श्रीकृष्ण भी हमेशा अपने साथ बाँस की बनी हुई बाँसुरी रखते थे।

श्री दिनेश वर्मा जी का कहना है कि, "दूर-दराज के ग्रामीण क्षेत्रों में रहने वाले किसान, मजदूरों के लिए बाँस एक वरदान साबित हो रहा है। हस्त-शिल्प के माध्यम से भिन्न-भिन्न प्रकार की वस्तुओं का निर्माण करके लोग अपने रोजगार को बढ़ा रहे हैं तथा अच्छी आय अर्जित कर रहे हैं। सबसे बड़ी बात यह है कि बाँस के उत्पादन के द्वारा उजाड़-बंजर भूमि को भी हरी-भरी उपजाऊ भूमि (मरुद्यान) में परिवर्तित किया जा सकता है। हरित विकास में बाँस का महत्त्वपूर्ण योगदान है। ग्रामीण क्षेत्रों में रहने वाले लोगों के लिए बाँस आय का प्रमुख स्रोत बनकर सामने आया है।"

**वृक्षों के शीघ्र एवं त्वरित विकल्पः**
**बाँस उगाएँ, वृक्ष बचाएँ।**

★ ★ ★

पर्यावरण संरक्षण प्रत्येक व्यक्ति का उत्तरदायित्व है।

# शमशानों में जलें न लकड़ियाँ

जैसे ही धरती पर आते, हम वृक्षों से जुड़ जाते।
आती-जाती साँसों के संग, हम रिश्तों में बँध जाते।।

वृक्ष हमारे हम वृक्षों के, अमिट हमारा रिश्ता है।
रहे एक तो दूजा भी है, यही हमारा किस्सा है।।

प्राण-वायु के दाता हैं ये, जीवन इनसे चलता है।
प्राण छोड़ते जब शरीर को, वृक्ष साथ में जलता है।।

एक वृक्ष जलता है चिता में, जीवन जलते धरती पर।
प्राण-वायु के दाता के संग, साँसें जलतीं लकड़ी पर।।

मृत शरीर को निपटाने के, नए तरीके अपनाओ।
वृक्षों को जीवन से जोड़ो, जलने से अब उन्हें बचाओ।।

शमशानों में जलें न लकड़ियाँ, ऐसी विधि कुछ अपनाओ।
हर विशेष अवसर पर, इक नई पौध अवश्य लगाओ।।

★★★

जागरूकता से ही 'वन' और 'जीवन' सुरक्षित रह सकते हैं।

# पौधे कहाँ से प्राप्त करें?

एक पुरानी कहावत है, 'आम के आम, गुठली के दाम'। इस कहावत से सभी परिचित हैं। यह तो हम जानते ही हैं कि वनों का पर्यावरण संतुलन में अत्यधिक महत्त्व है। पर्यावरण की सुरक्षा के लिए यदि हम वन लगायें तो एक ओर तो हमें शुद्ध वातावरण में जीने का मौका मिलता है, साथ ही मुनाफा कमाने का भी अवसर प्राप्त होता है। इंडिया स्टेट ऑफ फॉरेस्ट रिपोर्ट के अनुसार भारत का 28.82 फीसदी भू-भाग वन आच्छादित है। वैसे तो वन हमारे पर्यावरण को संतुलित बनाए रखने के लिए आवश्यक हैं, लेकिन ग्रामीण क्षेत्रों में वनों का महत्त्व इन कारणों से और भी अधिक हो जाता है कि एक बड़ी ग्रामीण आबादी अपनी आर्थिक संपन्नता के लिए वनों पर निर्भर करती है।

**पौधे प्राप्त करने का स्थान :** यूँ तो भारतवर्ष में पौधे जगह-ब-जगह प्राप्त हो जाते हैं, किंतु कोई भी पौधा लगाने से पहले यह जानकारी होना आवश्यक है कि वह पौधा किस प्रजाति का है, पौधे में कोई रोग तो नहीं है, उसकी वृद्धि एवं विकास के लिए किस प्रकार की जलवायु, भूमि तथा देख-रेख की आवश्यकता होती है। कुछ समय पहले तक और शायद दूर-दराज के ग्रामीण क्षेत्रों में आज भी पौधे लगाने के लिए लोग इन सब बातों पर ध्यान नहीं देते हैं, और कई बार तो इस अज्ञानता के कारण उन्हें हानि भी उठानी पड़ती है। किंतु आज स्थिति बदल चुकी है वैज्ञानिक प्रगति ने हर क्षेत्र में अपना प्रभाव दर्शाया है। कृषि-क्षेत्र में भी विज्ञान के आधुनिक आविष्कारों ने खाद्यान्नों एवं

फलदार वृक्षों की नई-नई प्रजातियों का परिचय कराया है। एक तरफ जहाँ नई-नई प्रजातियों की खाद्यान्नों की फसलों एवं फलदार वृक्षों के कारण पैदावार में अप्रत्याशित वृद्धि हुई है, वहीं इन नई प्रजातियों के पेड़-पौधों की वृद्धि एवं पालन-पोषण तथा देख-रेख के लिए सुयोग्य मार्गदर्शन की आवश्यकता होती है।

आज सरकार ने इस क्षेत्र में किसानों की सहायता के लिए जगह-जगह हर जिले तथा विकास खंडों (ब्लॉकों) में नर्सरी की व्यवस्था की है जहाँ से अच्छी प्रजाति के स्वस्थ एवं पुष्ट पौधे प्राप्त किए जा सकते हैं। नर्सरी एक ऐसा स्थान होता है जहाँ पौधों का रोपण किया जाता है तथा उपयुक्त आकार तक उनकी वृद्धि भी की जाती है। नर्सरी में नियुक्त किए जाने वाले माली तथा वनरक्षक इस कार्य के लिए पूर्णतया प्रशिक्षित होते हैं। उन्हें पौधों की प्रजातियों, रोपण, रख-रखाव, देख-रेख, उर्वरकों के उपयोग तथा मात्रा आदि का पूरा-पूरा ज्ञान होता है। वे इस कार्य में आपका समुचित मार्गदर्शन कर सकते हैं।

नर्सरियाँ भी कई स्तर पर होतीं हैं। एक तो वे नर्सरियाँ होती हैं, जहाँ फुटकर रूप में जन-सामान्य के लिए पौधों की बिक्री की जाती है। यहाँ पर कोई भी व्यक्ति जाकर अपनी पसंद का (के) पौधा (धे) खरीद सकता है। दूसरी थोक की नर्सरियाँ होती हैं, जो केवल व्यापारिक उद्देश्यों के लिए अन्य नर्सरियों, व्यापारी मालियों तथा निजी नर्सरियों के लिए पौधों की बिक्री करते हैं, जहाँ से संस्थानों तथा निजी जागीरों के लिए पौधों की आपूर्ति की जाती है। आप अपनी जरूरत के अनुसार इनमें से कहीं से भी पौधे प्राप्त कर सकते हैं।

## वन विभाग से प्राप्त करें विभिन्न किस्म के पौधे

यदि आप पर्यावरण के प्रति बहुत ही सजग हैं और आप अपने आस-पास तथा गाँव के चारों ओर वन लगाना चाहते हैं, तो राज्य के वन विभाग की नर्सरी से पौधे प्राप्त किये जा सकते हैं। सभी राज्यों के वन विभाग की पौध-रोपण शाखाएँ विभिन्न जिलों में नर्सरियाँ संचालित करती हैं। इन नर्सरियों से कम कीमत पर

पौधे प्राप्त किये जा सकते हैं। इन नर्सरियों से विभिन्न किस्मों के पौधे जैसे शीशम, आम, सागवान, गम्हार, सखुवा आदि प्राप्त किए जा सकते हैं। नर्सरी से प्रत्येक पौधा डेढ़ रुपए की दर से खरीदा जा सकता है।

सामान्य प्रजाति के इन पौधों को गाँवों में सार्वजनिक स्थलों पर लगाया जाए, तो इससे गाँव के पर्यावरण में उल्लेखनीय बदलाव लाया जा सकता है। साथ ही आय का बेहतर स्रोत बनाया जा सकता है। शीशम, सागवान, गम्हार जैसे पेड़ लंबे समय तक काफी अच्छी आमदनी देते हैं। यदि इन पेड़ों के पौधों को कुछ एकड़ जमीन में लगा दिया जाता है तो कुछ सालों में ही इनकी लकड़ी से अच्छी आय प्राप्त की जा सकती है।

वन विभाग की नर्सरी से पौधे प्राप्त करने की जानकारी जिला वन पदाधिकारी से प्राप्त की जा सकती है। इसके अलावा प्रत्येक वन क्षेत्र के रेंजर तथा वन अधिकारी से भी आप आवश्यक जानकारी ले सकते हैं। इसके लिए अपने क्षेत्र में स्थित वन-विभाग के कार्यालय से संपर्क कर अधिक जानकारी प्राप्त कर सकते हैं।

## राष्ट्रीय बाँस मिशन की योजनाओं का मिले लाभ

बाँस आय प्राप्त करने का एक बेहतरीन साधन है। राष्ट्रीय बाँस मिशन विभिन्न लाभकारी योजनाओं के तहत बाँस लगाने के लिए प्रोत्साहित करता है। बाँस लगाने के इच्छुक व्यक्ति को 50 प्रतिशत अनुदान पर बाँस के पौधे उपलब्ध कराए जाते हैं। बाँस लगाने के लिए किसान को बाकी की राशि स्वयं लगानी होगी। बाँस लगाने के लिए भूमि का उपजाऊ होना आवश्यक नहीं होता है। बल्कि यह हर प्रकार की भूमि व बंजर तथा ऊसर पर भी लगाया जा सकता है। बंजर जमीन पर बाँस लगाने से काफी कम समय में हरियाली आ जाती है।

बाँस लगाने और बाजार में बेचने से अच्छी कमाई की संभावना बढ़ी है। बाँस के लिए जून-जुलाई का मौसम सबसे उपयुक्त माना जाता है। बाँस लगाना इस मायने में भी अधिक लाभदायक है कि हाल के वर्षों में केंद्र तथा राज्य सरकार ने बाँस आधारित हस्तशिल्प कला को बढ़ावा दिया है और लघु उद्योग के रूप में स्थापित किया है। बाँस के बने कुर्सी-टेबल, सजावटी समान, रैक, झूले सहित कई प्रकार की सामग्रियों को अच्छे दामों पर बेचा जाता है। इसके अलावा बाँस

से टोकरी, सूप तथा दूसरे विविध प्रकार के सामान बनाए जाते हैं।

अपने खेत अथवा बंजर जमीन पर बाँस लगाकर अच्छी आय अर्जित करने के इच्छुक व्यक्ति इस संबंध में अपने जिले में स्थित राज्य वन विकास निगम के कार्यालय में संपर्क कर सकते हैं।

## फलदार वृक्ष के लिए राष्ट्रीय बागवानी मिशन

राष्ट्रीय बागवानी मिशन आपको फलदार वृक्ष लगाने का अच्छा अवसर देता है। यदि आप इमारती लकड़ियों अथवा बाँस से हटकर फलदार वृक्ष लगाते हैं, तो राष्ट्रीय बागवानी मिशन इस काम में आपकी मदद करता है। राष्ट्रीय बागवानी मिशन की योजनाओं का लाभ लेकर अच्छा मुनाफा कमाया जा सकता है। साथ ही पर्यावरण की सुरक्षा भी की जा सकती है। मिशन के द्वारा अनुदान भी दिया जाता है। फलदार पौधे लगाकर फलों का निर्यात किया जा सकता है।

राष्ट्रीय बागवानी मिशन न्यूनतम एक हेक्टेयर यानी ढाई एकड़ और अधिकतम चार हेक्टेयर यानी 10 एकड़ जमीन में नर्सरी लगाने के लिए आर्थिक सहायता प्रदान करता है। यदि एक हेक्टेयर भूमि पर नर्सरी लगायी जाती है तो इसमें 6-7 लाख रुपया खर्च होता है। इसकी आधी राशि आप मिशन के माध्यम से अनुदान के तहत प्राप्त कर सकते हैं। यानी नर्सरी व्यवसाय की शुरुआत 3-4 लाख रुपए की लागत के साथ की जा सकती है। इस योजना के तहत 50 हजार पौधे तैयार करने होते हैं। तैयार किए गए पौधों की बिक्री में मिशन सहयोग करता है। इस तरह एक व्यक्ति रोजगार के साथ पर्यावरण की सुरक्षा में भी अपनी भागीदारी निभाता है।

**स्थान का चयन :** पौधा लगाने के लिए स्थान का चयन करते समय कुछ बातों का विशेष ध्यान रखना चाहिए। सबसे पहले तो यह विचार करना चाहिए कि जिस प्रकार हम अपने बच्चों का पालन-पोषण करते समय उन्हें उन्मुक्त, स्वच्छ एवं स्वास्थ्यपूर्ण, वातावरण प्रदान करते हैं ताकि उनका समुचित शारीरिक एवं मानसिक विकास हो सके, उसी प्रकार कोई भी पौधा लगाते समय हमें उसके लिए उपयुक्त मिट्टी, जलवायु एवं उर्वरा शक्ति प्रदान करने वाले स्थान का चयन करना चाहिए ताकि हमारे द्वारा लगाया गया वृक्ष जीवन के लिए आवश्यक सभी वस्तुएँ प्राप्त कर सके एवं स्वस्थ एवं उल्लसित वातावरण में वृद्धि को प्राप्त कर सके।

कुछ स्थानों पर किसी न किसी अभाव के कारण वृक्ष पनप नहीं पाते हैं। पहले तो अज्ञानता के कारण हम जान ही नहीं पाते थे कि आखिर किसी स्थान विशेष पर पौधे पनपते क्यों नहीं हैं? किंतु आज के वैज्ञानिक युग में यह समस्या भी समाप्त हो गयी है। अब हम मिट्टी की जाँच करवाकर उसमें मौजूद तत्त्वों का पता लगा सकते हैं, तथा किसी तत्त्व का अभाव पाए जाने पर मिट्टी में उस तत्त्व की कमी को पूरा कर सकते हैं। इस प्रकार हम किसी भी स्थान पर मनचाहा वृक्ष लगा सकते हैं। इसके अतिरिक्त कुछ खास वृक्षों को लगाते समय हमें निम्न बातों का भी ध्यान रखना चाहिए।

हमारी धार्मिक मान्यताओं के अनुसार कुछ वृक्ष ऐसे होते हैं, जिन्हें अपने घर के आस-पास लगाने से सुख, शांति और समृद्धि प्राप्त होती है। जीवन में किसी भी प्रकार का रोग और शोक नहीं होता है। इन वृक्षों में पीपल, नीम, इमली, अशोक, तुलसी, कैथ, बेल, आँवला तथा आम के वृक्ष प्रमुख होते हैं।

बरगद का वृक्ष घर के पूर्व में, पीपल का वृक्ष घर के पश्चिम में, पाकड़ का वृक्ष उत्तर में और दक्षिण में गूलर का वृक्ष लगाना शुभ होता है। किंतु ये वृक्ष घर की सीमा में नहीं लगाने चाहिए। घर के उत्तर एवं पूर्व क्षेत्र में कम ऊँचाई वाले वृक्ष लगाने चाहिए। वृक्षारोपण विशेष रूप से उत्तरा, स्वाति, हस्त, रोहिणी एवं मूल नक्षत्रों में करना चाहिए। ऐसा करने पर वृक्षारोपण निष्फल नहीं होता है। घर के दक्षिण एवं पश्चिम क्षेत्र में ऊँचे वृक्ष, जैसे कि, नारियल, अशोक आदि लगाने चाहिए।

ऐसा करने से शुभ परिणाम, सुख एवं समृद्धि आती है। निगुंडी का पौधा घर की सीमा में लगाने से गृह-कलह नहीं होती है। घर में बेल का वृक्ष लगाने से घर में लक्ष्मी का निवास रहता है। उत्तम संतान एवं पुत्र-प्राप्ति की इच्छा होने पर पलाश (ढाक) का पेड़ लगाना चाहिए। तुलसी का पौधा घर की सीमा में लगाना शुभ होता है। घर के मुख्य द्वार के सामने कोई भी पौधा नहीं लगाना चाहिए। इससे द्वार-भेद तो होता ही है, बच्चों के स्वास्थ्य पर भी इसका प्रतिकूल प्रभाव पड़ता है।

जामुन और अमरूद के अलावा कोई भी फलदार वृक्ष घर की सीमा में नहीं लगाना चाहिए। इससे बच्चों का स्वास्थ्य खराब रहता है। आवासीय परिसर में दूध वाले वृक्ष लगाने से धन-हानि होती है। महुआ, पीपल, बरगद भी घर के

बाहर ही लगाने चाहिए। केवड़ा तथा चंपा घर में लगा सकते हैं।

बेर, पाकड़, बबूल, गूलर आदि काँटेदार वृक्ष घर में लगाने से दुश्मनी बढ़ती है। कैक्टस के पौधे भी घर में नहीं लगाने चाहिए। जति तथा गुलाब के पौधे घर में लगाए जा सकते हैं।

## पौधा लगाते समय संकल्प

इस पुस्तक के सहयोगी लेखक श्री विनय कंसल जी, जो कि एक पुरस्कृत पर्यावरणविद् हैं, का कहना है कि, "यह सर्व-मान्य तथ्य है कि कोई भी कार्य प्रारंभ करते समय मन में जिस प्रकार का संकल्प होता है, वैसा ही प्रभाव उसके परिणाम में दृष्टिगोचर होता है। कार्य करते समय मन में यदि किसी प्रकार की द्विविधा या असमंजस की स्थिति होती है, तो परिणाम भी अस्थिर या डाँवाडोल ही रहता है। किसी बच्चे का लालन-पालन करते समय अथवा दिन-प्रतिदिन प्यार-दुलार करते हुए बच्चे को स्पर्श करते समय आपकी जो भी मनः स्थिति होगी, या मन में जिस प्रकार के भाव होंगे वही प्रभाव बच्चे के जीवन, उसकी सोच एवं मानसिकता में परिलक्षित होगा। क्योंकि पौधे में भी जीवन होता है तथा वह भी एक बच्चे जैसा ही होता है, अतः पौधा लगाते समय हमारे मन में वही भावना, वही संकल्प होना चाहिए जो किसी बच्चे के लालन-पालन के समय एक संरक्षक या पिता के मन में होता है। प्रत्येक माता-पिता की यही इच्छा होती है कि उनकी संतान स्वस्थ, सुंदर, अच्छे गुणों वाली होनी चाहिए ताकि उसके द्वारा समाज एवं दुनियाँ का भला हो एवं घर-परिवार में सुख-समृद्धि आए। एक पौधा लगाते समय भी हमारे मन में इसी प्रकार का भाव एवं इसी प्रकार का संकल्प होना चाहिए कि मेरे द्वारा लगाया गया यह पौधा हमेशा स्वस्थ एवं हरा-भरा रहे तथा इसकी छाया, इसके फल एवं इसका अंग-प्रत्यंग जन-कल्याण के लिए उपयोगी रहे। इन विचारों के साथ जब आप किसी नए पौधे का रोपण करते हैं, तो आपके इन विचारों का प्रभाव पूर्णतया उस पौधे के जीवन पर दिखाई देगा। प्रकृति भी उस पौधे की वृद्धि एवं उसके लालन-पालन में पूरा सहयोग करेगी। आपकी स्नेह पूर्ण दृष्टि एवं दुलार भरे स्पर्श को पौधे भी समझते हैं तथा उल्लसित होकर उन्मुक्त वातावरण में वृद्धि को प्राप्त होते हैं।

"जिस प्रकार अपने स्वस्थ एवं हँसते-खेलते बच्चों को देखकर हमें अपार प्रसन्नता होती है, उसी प्रकार अपने द्वारा लगाए गए हरे-भरे एवं स्वस्थ पौधों

को देखकर भी अपार मानसिक संतुष्टि प्राप्त होती है। पौधों एवं बच्चों की प्रकृति लगभग एक जैसी ही होती है। बच्चे जब अपने माता-पिता को प्रसन्न अवस्था में देखते हैं, तो उनके अंदर भी प्रसन्नता का संचार होता है तथा वे चिंता-मुक्त वातावरण का अनुभव करते हैं। इसी प्रकार एक कुशल माली जब अपनी स्नेह-पूर्ण देख-रेख एवं स्पर्श के साथ पौधों की सिंचाई करता है तथा उर्वरक आदि डालता है, तो वे उल्लसित होकर लहलहाने लगते हैं। पौधों में जीवन की पुष्टि तो प्रसिद्ध वैज्ञानिक 'जगदीश चंद्र बोस' के द्वारा आविष्कृत उपकरण 'क्रेस्कोग्राफ' ने ही कर दी थी। बच्चों में और पौधों में केवल इतना ही अंतर होता है कि बच्चे अपनी इच्छानुसार इधर-उधर आ-जा सकते हैं तथा वाणी के द्वारा अपने मन की बात प्रकट कर सकते हैं। जिस प्रकार अपने पुराने साथियों से या परिवार से बिछड़कर कोई बच्चा दुखी होता है, तथा कुछेक दिन बाद नई परिस्थितियों में ढल जाता है, उसी प्रकार जब किसी पौधे को उसके पुराने स्थान से हटाकर किसी नए स्थान पर लगाया जाता है, तो एक या दो दिन तक तो वह मुझाया सा रहता है, तथा अनुकूल वातावरण एवं परिस्थितियों के मिलने पर वह पुनः पुष्ट एवं हरा-भरा हो जाता है। यहाँ पर यह सब इसलिए स्पष्ट किया जा रहा है ताकि पौधा (पौधे) खरीदते समय आपके मन में उसके (उनके) लिए वही प्रेम, वही लगाव होना चाहिए जो कि आपके अपने बच्चों के लिए होता है।"

एक पर्यावरणविद् होने के साथ-साथ श्री विनय कंसल जी वास्तु-शास्त्र के भी अच्छे ज्ञाता हैं। उनका मानना है कि किसी भी चीज से समुचित लाभ प्राप्त करने के लिए यह आवश्यक है कि उसे सही स्थान पर रखा जाना चाहिए। वास्तु-शास्त्र के अनुसार घर के अंदर कुछ विशिष्ट पौधों की स्थिति भी विशिष्ट होनी चाहिए, तभी उनकी उपस्थिति का समुचित लाभ प्राप्त हो सकता है।

## वास्तु उपाय : घर में कौन से पौधे लगाएँ और कौन से नहीं

**वास्तु उपाय :** वास्तु शास्त्र के अनुसार जिस प्रकार घर का हर हिस्सा हमारे जीवन को प्रभावित करता है, उसी तरह घर में सजावट के लिए रखे गए पौधे भी हमारे जीवन पर सकारात्मक व नकारात्मक प्रभाव डालते हैं। जाने-अनजाने में हम कई बार ऐसे पौधे अपने घर में रख लेते हैं जिनके कारण वास्तु दोष उत्पन्न हो जाता है। आज हम आपको बता रहे हैं कि घर में किस प्रकार के पौधे रखने चाहिए और कैसे नहीं। इसकी जानकारी इस प्रकार है—

(1)   वास्तु शास्त्र के अनुसार घर में मनी प्लांट लगाना बहुत ही शुभ होता

है। ज्योतिष के अनुसार मनी प्लांट शुक्र ग्रह का कारक है। शुक्र की उपस्थिति में पति-पत्नी के संबंध मधुर होते हैं।

(2) घर में काँटेदार व दूध (जिनके कटने-छिलने पर सफेद द्रव्य निकलता हो) वाले पौधे नहीं लगाना चाहिए। क्योंकि काँटे नकारात्मक ऊर्जा उत्पन्न करते हैं। गुलाब जैसे काँटेदार पौधे लगाए जा सकते हैं पर इसे घर की छत पर रखें तो बेहतर होगा।

(3) घर में बाँस के पौधे लगा सकते हैं। फेंगशुई के अनुसार बाँस के पौधे सुख व समृद्धि के प्रतीक होते हैं।

(4) घर या कार्यस्थल (दुकान व ऑफिस) की पॉजिटिव एनर्जी को बढ़ाने के लिए गुलदस्तों में रोज ताजे फूल लगाएँ। फूलों के गुलदस्ते ताजगी व सौभाग्य की वृद्धि करते हैं। मुझाए फूल व पत्तियाँ नेगेटिव एनर्जी उत्पन्न करती हैं।

(5) बेडरूम में किसी भी तरह के पौधे लगाने से बचना चाहिए। इससे विवाहित जीवन पर बुरा असर पड़ सकता है। डाइनिंग व ड्रॉइंग रूम में गमले रखे जा सकते हैं।

(6) यदि घर की किसी दीवार पर पीपल उग आए तो उसे पूजा करके हटाते हुए गमले में लगा देना चाहिए। पीपल को बृहस्पति ग्रह का कारक माना जाता है।

(7) बोनसाई का पौधा भी घर में तैयार नहीं करना चाहिए और न ही बाहर से लाकर लगाना चाहिए। वास्तु शास्त्र के अनुसार बोनसाई का पौधा घर में रहने वाले सदस्यों का आर्थिक विकास रोकता है।

(8) तुलसी का पौधा बेहद कल्याणकारी, बहु-उपयोगी, पवित्र एवं शुभ माना जाता है। तुलसी में एंटीबायोटिक सहित अनेक औषधीय गुण होते हैं। इसका स्पर्श व इसकी हवा दोनों लाभकारी हैं। इसलिए इसे घर में अवश्य लगाना चाहिए। तुलसी का पौधा वायु प्रदूषण को भी कम करता है। तुलसी का पौधा घर के ब्रह्म में यानी बीचों बीच लगाना चाहिए। वैसे इसे घर के किसी भी कोने में लगाया जा सकता है। इसे गंदे स्थान पर न लगाएँ।

(9)  गुलाब, चंपा व चमेली के पौधे घर में लगाना अच्छा माना जाता है क्योंकि इससे मानसिक तनाव व अवसाद में कमी आती है।

(10)  बेडरूम के नैऋत्य कोण में टेराकोटा या चीनी मिट्टी के फूलदानों में सूरजमुखी के असली या नकली फूल लगा सकते हैं।

(11)  पौधे व फूलों का उपयोग घर के नुकीले कोणों व ऊबड़-खाबड़ जमीन को ढकने के लिए किया जा सकता है।

(12)  घर में खूबसूरत पत्ती वाले पौधे जैसे- साइकस, एक्लिया, अर्लिया, फिलोडेण्ट्रोन व ऐरिका आदि लगाए जा सकते हैं।

(13)  खुशबूदार फूल वाले पौधे जैसे- चंपा, नागचंपा, चमेली, बेला, रातरानी आदि फूल लगाए जा सकते हैं। लेकिन इन्हें घर के बाहर ही लगाएँ।

(14)  घर में नकली पौधे नहीं लगाने चाहिए, ये ऐस्थेटिक सेंस के लिहाज से अशुभ माने जाते हैं। ये धूप व गंध को भी ज्यादा आकर्षित करते हैं।

(15)  ऊँचे व घने वृक्ष घर के दक्षिण या पश्चिम भाग में घर की दीवारों से थोड़ी दूर ही लगाना चाहिए।

✱✱✱

प्रकृति का न करें हरण,
आओ बचाएँ पर्यावरण।

# जीवन की समस्याएँ- वृक्ष करें समाधान

### क्या हैं समस्याएँ?
### कैसे करें समाधान?

मनुष्य जाति एवं सभी जीवधारियों का वृक्ष से गहरा नाता है। इस ब्रह्मांड को उल्टे वृक्ष की संज्ञा दी गयी है। पहले यह ब्रह्मांड बीज रूप में था और अब यह वृक्ष रूप में दिखाई देता है। प्रलय काल में यह पुन: बीज रूप में हो जाएगा।

**शास्त्रों के अनुसार** जो व्यक्ति एक पीपल, एक नीम, दस इमली, तीन कैथ, तीन बेल, तीन आँवला और पाँच आम के वृक्ष लगाता है, वह पुण्यात्मा होता है और कभी नरक के दर्शन नहीं करता है। इसके अलावा एक बरगद, एक अनार, एक कड़ी पत्ता, एक जामफल, एक तुलसी, एक नींबू, एक अशोक, एक चमेली, एक चम्पा का वृक्ष लगाने से शरीर निरोगी रहता है तथा घर में धन-धान्य, समृद्धि तथा शांति बनी रहती है।

कुछ वृक्षों या पौधों से सोना बनाया जा सकता है, तो कुछ ऐसे भी वृक्ष हैं जिनको घर में लगाने से सुख और समृद्धि आती है। तंत्र-मंत्र में विश्वास रखने वाले लोग अक्सर ऐसे वृक्षों की खोज में लगे रहते हैं, जिनकी छाल या अन्य किसी हिस्से से वशीकरण का इत्र, गायब होने की बुटिका या आज्ञाचक्र को खोलकर त्रिकालज्ञ बनने की औषधि बनायी जा सकती है। वेद, पुराण, गीता

आदि सभी ग्रंथों में वृक्षों के औषधीय, धार्मिक, पर्यावरण, व्यापारिक, सामाजिक आदि सभी गुणों का महत्त्व विस्तार से वर्णित किया गया है।

यहाँ प्रस्तुत हैं ऐसे दस वृक्ष जिनकी रक्षा करना हर व्यक्ति का कर्त्तव्य है और इनको घर के आस-पास लगाने से सुख, शांति और समृद्धि की अनुभूति होती है। किसी भी प्रकार का रोग और शोक नहीं होता है।

**पीपल देव :** हिंदू धर्म में पीपल का बहुत महत्त्व है। पीपल के वृक्ष को संस्कृत में प्लक्ष भी कहा गया है। वैदिक काल में इसे अश्वत्थ इसलिए कहते थे, क्योंकि इसकी छाया में घोड़ों को बाँधा जाता था। अथर्ववेद के उपवेद आयुर्वेद में पीपल के औषधीय गुणों का अनेक असाध्य रोगों में उपयोग वर्णित है। औषधीय गुणों के कारण पीपल के वृक्ष को ‘कल्पवृक्ष’ की संज्ञा दी गई है। पीपल के वृक्ष में जड़ से लेकर पत्तियों तक तैंतीस कोटि देवताओं का वास होता है और इसलिए पीपल का वृक्ष प्रातः पूजनीय माना गया है। उक्त वृक्ष में जल अर्पण करने से रोग और शोक मिट जाते हैं।

पीपल के प्रत्येक तत्त्व जैसे छाल, पत्ते, फल, बीज, दूध, जटा एवं कोंपल तथा लाख सभी प्रकार की आधि-व्याधियों के निदान में काम आते हैं। हिंदू धर्म के ग्रंथों में पीपल को अमृत-तुल्य माना गया है। सर्वाधिक ऑक्सीजन उत्पन्न करने के कारण इसे प्राण-वायु का भंडार कहा जाता है। सबसे अधिक ऑक्सीजन का सृजन और विषैली गैसों को आत्मसात करने की इसमें अकूत क्षमता है।

गीता में भगवान कृष्ण कहते हैं, ‘हे पार्थ, वृक्षों में मैं पीपल हूँ।’

मूलतः ब्रह्म रूपाय मध्यतो विष्णु रुपिणः।<br>
अग्रतः शिव रुपाय अश्वत्थाय नमो नमः।।

भावार्थ-अर्थात् इसके मूल में ब्रह्मा, मध्य में विष्णु तथा अग्रभाग में शिव का वास होता है। इसी कारण ‘अश्वत्थ’ नामधारी वृक्ष को नमन किया जाता है।

**बरगद या वटवृक्ष :** बरगद को वटवृक्ष कहा जाता है। हिंदू धर्म में वट सावित्री नामक एक त्योहार पूरी तरह से वट को ही समर्पित है। पीपल के बाद बरगद का सबसे ज्यादा महत्त्व है। पीपल में जहाँ भगवान विष्णु का वास है, वहीं बरगद में ब्रह्मा, विष्णु और शिव तीनों का ही वास माना गया है। हालाँकि बरगद को साक्षात शिव कहा गया है। बरगद को देखना शिव के दर्शन करना है।

हिंदू धर्मानुसार पाँच वटवृक्षों का महत्त्व अधिक है। अक्षयवट, पंचवट,

वंशीवट, गयावट और सिद्धवट। सिद्धवट के बारे में कहा जाता है कि इसकी प्राचीनता के बारे में कोई नहीं जानता। संसार में उक्त पाँच वटों को पवित्र वट की श्रेणी में रखा गया है। प्रयाग में अक्षयवट, नासिक में पंचवट, वृंदावन में वंशीवट, गया में गयावट और उज्जैन में पवित्र सिद्धवट है।

## ।। तहँ पुनि संभु समुझ्झिपन आसन। बैठे वटतर, करि कमलासन।।

भावार्थ-भगवान शिव उसी स्थान को अपना आसन (बैठने का स्थान) मानकर उसी वट वृक्ष के नीचे पद्मासन लगाकर बैठ गए।

**–रामचरित मानस**

**आम है खास :** हिंदू धर्म में जब भी कोई मांगलिक कार्य होता है तो घर या पूजा स्थल के द्वार व दीवारों पर आम के पत्तों की लड़ी लगाकर मांगलिक उत्सव के माहौल को धार्मिक और वातावरण को शुद्ध किया जाता है।

अक्सर धार्मिक पंडाल और मंडपों में सजावट के लिए आम के पत्तों का इस्तेमाल किया जाता है। आम के वृक्ष की हजारों किस्में हैं और इसमें जो फल लगता है वह दुनियाभर में प्रसिद्ध है। आम के रस से कई प्रकार के रोग दूर होते हैं।

**भविष्यवक्ता शमी :** विक्रमादित्य के समय में सुप्रसिद्ध ज्योतिषाचार्य वराहमिहिर ने अपने 'बृहतसंहिता' नामक ग्रंथ के 'कुसुमलता' नाम के अध्याय में वनस्पति शास्त्र और कृषि उपज के संदर्भ में जो जानकारी प्रदान की है उसमें शमीवृक्ष अर्थात् खिजड़े का उल्लेख मिलता है।

वराहमिहिर के अनुसार जिस साल शमीवृक्ष ज्यादा फलता-फूलता है, उस साल सूखे की स्थिति का निर्माण होता है। विजयादशमी के दिन इसकी पूजा करने का एक तात्पर्य यह भी है कि यह वृक्ष आने वाली कृषि-विपत्ति का पहले से संकेत दे देता है, जिससे किसान पहले से भी ज्यादा पुरुषार्थ करके आने वाली विपत्ति से निजात पा सकता है।

**बिल्व वृक्ष :** बिल्व अथवा बेल (बिल्व) विश्व के कई हिस्सों में पाया जाने वाला वृक्ष है। भारत में इस वृक्ष का पीपल, नीम, आम, पारिजात और पलाश आदि वृक्षों के समान ही बहुत अधिक सम्मान है। हिंदू धर्म में बिल्व वृक्ष भगवान शिव की अराधना का मुख्य अंग है।

धार्मिक दृष्टि से महत्त्वपूर्ण होने के कारण इसे मंदिरों के पास लगाया जाता है। बिल्व वृक्ष की तासीर बहुत शीतल होती है। गर्मी की तपिश से बचने के लिए इसके फल का शर्बत बड़ा ही लाभकारी होता है। यह शर्बत कुपचन, आँखों की रोशनी में कमी, पेट में कीड़े और लू लगने जैसी समस्याओं से निजात पाने के लिए उत्तम है। औषधीय गुणों से परिपूर्ण बिल्व की पत्तियों में टैनिन, लौह, कैल्शियम, पोटेशियम और मैग्नीशियम जैसे रसायन पाए जाते हैं।

बेल वृक्ष की उत्पत्ति के संबंध में 'स्कंदपुराण' में कहा गया है कि एक बार देवी पार्वती ने अपने ललाट से पसीना पोंछकर फेंका, जिसकी कुछ बूँदें मंदार पर्वत पर गिरीं, जिससे बेल वृक्ष उत्पन्न हुआ। इस वृक्ष की जड़ों में गिरिजा, तने में महेश्वरी, शाखाओं में दक्षयायनी, पत्तियों में पार्वती, फूलों में गौरी और फलों में कात्यायनी वास करती हैं।

कहा जाता है कि बेल के वृक्ष के काँटों में भी कई शक्तियाँ समाहित हैं। यह माना जाता है कि देवी महालक्ष्मी का भी बेल वृक्ष में वास है। जो व्यक्ति शिव-पार्वती की पूजा बेलपत्र अर्पित करके करते हैं, उन्हें महादेव और देवी पार्वती दोनों का आशीर्वाद मिलता है। 'शिवपुराण' में इसकी महिमा विस्तृत रूप में बतायी गयी है।

**अशोक वृक्ष :** अशोक वृक्ष को हिंदू धर्म में बहुत ही पवित्र और लाभकारी माना गया है। अशोक का शाब्दिक अर्थ होता है- किसी भी प्रकार का शोक न होना। मांगलिक एवं धार्मिक कार्यों में अशोक के पत्तों का प्रयोग किया जाता है।

माना जाता है कि अशोक वृक्ष घर में लगाने से या इसकी जड़ को शुभ मुहूर्त में धारण करने से मनुष्य को सभी शोकों से मुक्ति मिल जाती है। अशोक का रस वात-पित्त आदि दोष, अपच, तृषा, दाह, कृमि, शोध, विष तथा रक्त विकार नष्ट करने वाला है। इसकी छाल को उबालकर पीने से कई प्रकार के चर्म रोग भी दूर होते हैं। अशोक का वृक्ष घर में उत्तर दिशा में लगाना चाहिए जिससे घर में सकारात्मक ऊर्जा का संचारण बना रहता है। घर में अशोक का वृक्ष होने से सुख, शांति एवं समृद्धि बनी रहती है एवं अकाल मृत्यु नहीं होती है।

**दांपत्य सुख हेतु उपाय :** यदि पति-पत्नी के बीच झगड़ा होता है तो ज्योतिषानुसार शुक्ल पक्ष के प्रथम सोमवार को पत्नी अशोक वृक्ष की जड़ में घी का दीपक और चंदन की अगरबत्ती जलाकर नैवेद्य चढ़ाएँ। पेड़ को जल अर्पित करते समय उससे अपनी कामना करनी चाहिए। फिर वृक्ष से 7 पत्ते तोड़कर घर लाएं, श्रद्धाभाव से उनकी पूजा करें व घर के मंदिर में रख दें। अगले

सोमवार को फिर से यह उपासना करें तथा बाद में सूखे पत्तों को बहते जल में प्रवाहित कर दें।

अशोक का वृक्ष दो प्रकार का होता है-एक तो असली अशोक वृक्ष और दूसरा उससे मिलता-जुलता नकली अशोक वृक्ष। नकली अशोक वृक्ष देवदार की जाति का लंबा वृक्ष होता है। इसके पत्ते आम के पत्तों जैसे होते हैं। इसके फूल सफेद, पीले रंग के और फल लाल रंग के होते हैं।

असली अशोक का वृक्ष आम के पेड़ जैसा छायादार वृक्ष होता है। इसके पत्ते 8-9 इंच लंबे और दो-ढाई इंच चौड़े होते हैं। इसके पत्ते शुरू में ताँबे जैसे रंग के होते हैं इसलिए इसे 'ताम्रपल्लव' भी कहते हैं। इसके नारंगी रंग के फूल बसंत ऋतु में आते हैं, जो बाद में लाल रंग के हो जाते हैं। सुनहरे लाल रंग के फूलों वाला होने से इसे 'हेमपुष्पा' भी कहा जाता है।

**नारियल का वृक्ष :** हिंदू धर्म में नारियल के बगैर तो कोई मंगल कार्य संपन्न होता ही नहीं। नारियल का खासा धार्मिक महत्त्व है। 60 फुट से 100 फुट तक ऊँचा नारियल का पेड़ लगभग 80 वर्षों तक जीवित रहता है। 15 वर्षों के बाद पेड़ में फल लगते हैं।

पूजा के दौरान कलश में पानी भरकर उसके ऊपर नारियल रखा जाता है। यह मंगल का प्रतीक है। नारियल का प्रसाद भगवान को चढ़ाया जाता है।

नारियल के पेड़ का प्रत्येक भाग किसी न किसी काम में आता है। ये भाग किसानों के लिए बड़े उपयोगी सिद्ध हुए हैं। इससे घरों को पाटा जाता है, फर्नीचर आदि बनाए जाते हैं। पत्तों से पंखे, टोकरियाँ, चटाइयाँ आदि बनतीं हैं। इसकी जटा से रस्सी, चटाइयाँ, ब्रश, जाल, थैले आदि अनेक वस्तुएँ बनतीं हैं। यह गद्दों में भी भरा जाता है। नारियल का तेल सबसे ज्यादा बिकता है।

नारियल के पानी में पोटेशियम अधिक मात्रा में होता है। इसे पीने से शरीर में किसी भी प्रकार की सुन्नता नहीं रहती। अगर आप पाचन की समस्या से ग्रस्त हैं तो 1 गिलास नारियल का पानी लें, उसमें अनन्नास का जूस मिलाएँ और पूरे 9 दिन तक नाश्ते से पहले उसे पिएँ। इसे पीने के बाद 2 घंटे तक किसी भी प्रकार का भोजन न करें और न ही कोई अन्य पेय पिएँ।

नारियल के गूदे का इस्तेमाल नाड़ियों की समस्या, कमजोरी, स्मृति नाश, पल्मनरी इन्फेक्शंस (फेफड़ों के रोगों) के उपचार के लिए किया जाता है। यह त्वचा संबंधी तथा अँतड़ियों संबंधी समस्याओं को भी दूर करता है। अस्थमा से

पीड़ित व्यक्तियों को भी नारियल पानी पीने की सलाह दी जाती है।

**अनजाना भय :** शनि, राहु या केतुजनित कोई समस्या हो, कोई ऊपरी बाधा हो, बनता काम बिगड़ रहा हो, कोई अनजाना भय आपको भयभीत कर रहा हो अथवा ऐसा लग रहा हो कि किसी ने आपके परिवार पर कुछ कर दिया है, तो इसके निवारण के लिए शनिवार के दिन एक जलदार जटावाला नारियल लेकर उसे काले कपड़े में लपेटें। 100 ग्राम काले तिल, 100 ग्राम उड़द की दाल तथा 1 कील के साथ उसे बहते जल में प्रवाहित करें। ऐसा करना बहुत ही लाभकारी होता है।

**अनार :** अनार के वृक्ष से जहाँ सकारात्मक ऊर्जा का निर्माण होता है वहीं इस वृक्ष के कई औषधीय गुण भी हैं। पूजा के दौरान पंच फलों में अनार की गिनती की जाती है।

अनार को दाडम या दाड़िम आदि अलग-अलग नामों से जानते हैं। अनार का वृक्ष भी बहुत ही सुंदर होता है जिसे बगिया की शोभा के लिए भी लगाया जा सकता है। इसकी कली, फूल और फल भी कुछ कम सुंदर नहीं होते हैं।

अनार का प्रयोग करने से खून की मात्रा बढ़ती है। इससे त्वचा सुंदर व चिकनी होती है। रोज अनार का रस पीने से व अनार खाने से त्वचा का रंग निखरता है। अनार के छिलकों के एक चम्मच चूर्ण को कच्चे दूध और गुलाब जल में मिलाकर चेहरे पर लगाने से चेहरा दमक उठता है। अपच, दस्त, पेचिश, दमा, खाँसी, मुँह में दुर्गंध आदि रोगों में अनार लाभदायक है। इसके सेवन से शरीर में झुर्रियाँ या मांस का ढीलापन समाप्त हो जाता है।

**नीम का वृक्ष :** नीम एक चमत्कारी वृक्ष माना जाता है। नीम, जो प्रायः सर्व-सुलभ वृक्ष है, आसानी से मिल जाता है। नीम को संस्कृत में निम्ब कहा जाता है। यह वृक्ष अपने औषधीय गुणों के कारण पारंपरिक इलाज में बहुपयोगी सिद्ध होता आ रहा है। चरक संहिता और सुश्रुत संहिता जैसे प्राचीन चिकित्सा ग्रंथों में इसका उल्लेख मिलता है।

**निम्ब शीतो लघुग्राही कटुर कोऽग्नी वातनुत।**
**अध्यः श्रमतुटकास ज्वरारुचिक्रिमी प्रणतु।।**

अर्थात् नीम शीतल, हल्का, ग्राही पाक में चरपरा, हृदय को प्रिय, अग्नि, वात, परिश्रम, तृषा, अरुचि, क्रीमी, व्रण, कफ, वामन, कोढ़ और विभिन्न प्रमेह को नष्ट करता है।

नीम के पेड़ का औषधीय के साथ-साथ धार्मिक महत्त्व भी है। माँ दुर्गा का रूप माने जाने वाले इस पेड़ को कहीं-कहीं नीमारी देवी भी कहते हैं। इस पेड़ की पूजा की जाती है। कहते हैं कि नीम की पत्तियों के धुएँ से बुरी और प्रेत आत्माओं से रक्षा होती है।

**केले का पेड़ :** केले का पेड़ काफी पवित्र माना जाता है और कई धार्मिक कार्यों में इसका प्रयोग किया जाता है। भगवान विष्णु और देवी लक्ष्मी को केले का भोग लगाया जाता है। केले के पत्तों में प्रसाद बाँटा जाता है। माना जाता है कि समृद्धि के लिए केले के पेड़ की पूजा अच्छी होती है।

केला हर मौसम में सरलता से उपलब्ध होने वाला अत्यंत पौष्टिक एवं स्वादिष्ट फल है। केला रोचक, मधुर, शक्तिशाली, वीर्य व मांस बढ़ाने वाला, नेत्र-दोष में हितकारी है। पके केले के नियमित सेवन से शरीर पुष्ट होता है। यह कफ, रक्त, पित्त, वात और प्रदर के उपद्रवों को नष्ट करता है।

केले में मुख्यतः विटामिन-ए, विटामिन-सी, थायमिन, राइबो-फ्लेविन, नियासिन तथा अन्य खनिज तत्त्व होते हैं। इसमें जल का अंश 64.3 प्रतिशत, प्रोटीन 1.3 प्रतिशत, कार्बोहाईड्रेट 24.7 प्रतिशत तथा चिकनाई 8.3 प्रतिशत है।

**फूल भरें जीवन में खुशियाँ :** वृक्ष, पौधों और फूलों में शारीरिक और मानसिक रोगों को दूर करने की क्षमता के अलावा वास्तुदोष मिटाने की क्षमता भी होती है। फूलों के बारे में कहा जाता है कि वे आपका भाग्य बदलकर आपके जीवन में खुशियाँ भरने की क्षमता रखते हैं। आप अपने गार्डन या गमलों में ये फूल लगाकर अच्छा महसूस करेंगे। अच्छा महसूस करने से ही घर का माहौल बदलने लगता है और जीवन में खुशियाँ आती हैं। एक छोटी सी चीज भी आपका जीवन बदल सकती है।

**पारिजात का फूल :** पारिजात के फूलों को हरसिंगार और शैफालिका भी कहा जाता है। अंग्रेजी में इसे नाइट जेस्मिन और उर्दू में गुलजाफरी कहते हैं। पारिजात के फूल आपके जीवन से तनाव हटाकर खुशियाँ ही खुशियाँ भर सकने की ताकत रखते हैं।

पारिजात के ये अद्भुत फूल सिर्फ रात में ही खिलते हैं और सुबह होते-होते वे सब मुरझा जाते हैं। यह माना जाता है कि पारिजात के वृक्ष को छूने मात्र से ही व्यक्ति की थकान मिट जाती है।

हरिवंशपुराण में इस वृक्ष और फूलों का विस्तार से वर्णन मिलता है। इन फूलों को खासतौर पर लक्ष्मी पूजन के लिए इस्तेमाल किया जाता है लेकिन केवल उन्हीं फूलों को इस्तेमाल किया जाता है, जो अपने आप पेड़ से टूटकर नीचे गिर जाते हैं। यह फूल जिसके भी घर-आँगन में खिलते हैं, वहाँ हमेशा शांति और समृद्धि का निवास होता है।

**चम्पा का फूल :** चम्पा को अंग्रेजी में प्लूमेरिया कहते हैं। चम्पा के खूबसूरत, मंद, सुगंधित हल्के सफेद, पीले फूल अक्सर पूजा में उपयोग किए जाते हैं। चम्पा का वृक्ष मंदिर के परिसर और आश्रम के वातावरण को शुद्ध करने के लिए लगाया जाता है। चम्पा के वृक्षों का उपयोग घर, पार्क, पार्किंग स्थल और सजावटी पौधे के रूप में किया जाता है।

'चम्पा तुझमें तीन गुण – रंग, रूप और वास, अवगुण तुझमें एक ही भँवर न आएँ पास।'

रूप तेज तो राधिके, अरु भँवर कृष्ण को दास, इस मर्यादा के लिए भँवर न आएँ पास।

चम्पा में पराग नहीं होता है इसलिए इसके पुष्प पर मधुमक्खियाँ कभी भी नहीं बैठती हैं।

चम्पा मुख्यतः 5 प्रकार की होती हैं – 1. सोन चम्पा, 2. नाग चम्पा, 3. कनक चम्पा, 4. सुल्तान चम्पा, और 5. कटहरी चम्पा। सभी तरह की चम्पा एक से एक अद्भुत और सुंदर होती है और इनकी सुगंध के तो क्या कहने।

**चमेली का फूल :** चमेली को संस्कृत में सौमनस्यायनी और अंग्रेजी में जेस्मिन कहते हैं। चमेली तो आमतौर पर सभी जगह पाई जाती है लेकिन जब इसके फूल आँगन में सुबह-सुबह बिछ जाते हैं तो घर और परिवार भी खुशियों से भर जाता है।

चमेली के फूल में कई औषधीय गुण होते हैं। इसका तेल भी बनता है। यह चेहरे की चमक बढ़ाने के लिए बहुत ही उपयोगी होता है। चमेली की बेल भी होती है और पौधा भी। इसकी कली लंबी डंडी की होती है और फूल सफेद रंग के होते हैं। चमेली के फूलों की खुशबू से दिमाग की गर्मी दूर होती है।

**रातरानी के फूल :** इसे चाँदनी के फूल भी कहते हैं। रातरानी के फूल मदमस्त खुशबू बिखेरते हैं, इसकी खुशबू बहुत दूर तक जाती है। इसके

छोटे-छोटे फूल गुच्छे में आते हैं तथा रात में खिलते हैं और सबेरे सिकुड़ जाते हैं। रातरानी के फूल साल में 5 या 6 बार आते हैं। हर बार 7 से 10 दिन तक अपनी खुशबू बिखेरकर बहुत ही शांतिमय और खुशबूदार वातावरण निर्मित कर देते हैं। जिसकी भी नाक में इसकी सुगंध जाती है, वह वहीं ठहर जाता है। इसकी सुगंध सूँघते रहने से जीवन के सारे संताप मिट जाते हैं। रातरानी और चमेली के फूलों का इत्र भी बनता है। रातरानी और चमेली के फूलों से महिलाएँ गजरा बनाती हैं, जो बालों में लगाया जाता है।

**जूही के फूल :** जूही की झाड़ी अपने सुगंध वाले फूलों के कारण बगीचों में लगाई जाती है। जूही के फूल छोटे तथा सफेद रंग के होते हैं और चमेली से मिलते-जुलते हैं। फूल वर्षा ऋतु में खिलते हैं।

इसकी सुगंध से मन और मस्तिष्क के सारे तनाव हट जाते हैं और यह वातावरण को शुद्ध बना देता है।

**मोगरा :** इसे संस्कृत में 'मालती' तथा 'मल्लिका' कहते हैं। मोगरे के फूल गर्मियों में खिलते हैं। इसकी भीनी-भीनी महक से तन और मन को ठंडक का एहसास होता है। इसका फूल सफेद रंग का होता है।

जैसे-जैसे गर्मी बढ़ती है, इसकी सुगंध आपको गर्मी के एहसास से दूर रखती है। मोगरा कोढ़, मुँह और आँख के रोगों में लाभ देता है।

**कमल :** कमल के फूलों को धारण करने से शरीर शीतल रहता है, फोड़े-फुंसी आदि शांत होते हैं तथा शरीर पर विष का कुप्रभाव कम होता है। गुलाब, बेला, जूही आदि के अलंकरण हृदय को प्रिय होते हैं।

इससे मोटापा कम होता है। चम्पा, चमेली, मौलश्री आदि के प्रयोग से शरीर दाह की कमी तथा रक्त विकार दूर होते हैं और मन प्रसन्न रहता है।

**गुलाब :** गुलाब को फूलों का राजा कहा गया है। यह सफेद, गुलाबी और लाल रंग में अधिकतर पाया जाता है। हालाँकि आजकल नीले और काले रंग के गुलाब भी पाए जाने लगे हैं।

गुलाब को गुलाब इसलिए कहते हैं क्योंकि यह अधिकतर गुलाबी रंग में बहुतायत में मिलता है। इससे त्वचा के सौंदर्य को निखारा जा सकता है। गुलाब के फूलों की पत्तियाँ त्वचा को पोषण देती हैं, त्वचा के रोम-रोम को सुगंधित बनाती हैं, ठंडक प्रदान करती हैं। गर्मियों में गुलाब के फूलों का रस चेहरे पर

मलने से चेहरे पर ठंडी-ठंडी ताजगी बनी रहती है।

आँखों की जलन और खुजली दूर करने के लिए गुलाब-जल का प्रयोग किया जाता है।

**रजनीगंधा :** रजनीगंधा का पौधा पूरे भारत में पाया जाता है। मैदानी क्षेत्रों में अप्रैल से सितम्बर तथा पहाड़ी क्षेत्रों में जून से सितम्बर माह में फूल निकलते हैं। रजनीगंधा की तीन किस्में होती हैं।

रजनीगंधा के फूलों का उपयोग माला और गुलदस्ते बनाने में किया जाता है। इसकी लंबी डंडियों को सजावट के रूप में भी प्रयोग किया जाता है। इसका सुगंधित तेल और इत्र भी बनता है। इसके कई औषधीय गुण भी हैं।

**अर्जुन :** ये सदाहरित वृक्ष हैं, इनके फूल प्याले के आकार के हल्के पीले होते हैं। ये फूल मार्च से जून तक खिलते हैं।

**अगस्त्य का फूल :** अगस्त्य के फूल सफेद अथवा गुलाबी रंग के होते हैं, जो शीत ऋतु में लगते हैं। आयुर्वेद के अनुसार अगस्त्य का पेड़ शरीर से विषैले तत्त्वों को निकालने का काम करता है। इसके पंचांग (फूल, फल, पत्ते, जड़ व छाल) रस और सब्जी के रूप में प्रयोग होते हैं। इस पेड़ में आयरन, विटामिन, प्रोटीन, कैल्शियम व कार्बोहाइड्रेट पर्याप्त मात्रा में होते हैं।

**सदाफूली :** सदाफूली को सदाफूली इसलिए कहते हैं, क्योंकि इसके फूल बारहों महीने खिलते रहते हैं। इसे नयनतारा भी कहते हैं। कहते हैं कि इसकी 8 जातियाँ पाई जातीं हैं। जिनमें से मात्र एक ही भारत में है और बाकी सभी मेडागास्कर में पाई जातीं हैं। 5 पंखुड़ियों वाला यह फूल सफेद, गुलाबी, फालसई, जामुनी आदि रंगों में खिलता है।

**अमलतास :** आयुर्वेद में इसे स्वर्ण वृक्ष कहते हैं। इसके फूल मार्च, अप्रैल और मई माह में खिलते हैं, जो पीले होते हैं। लंबे-पतले डंठलों पर लटकने वाले पीले फूल और गोल कलिकाएँ कानों में लटकने वाले बुंदों के समान दिखाई देतीं हैं। पीले सुनहरी फूलों से लदा हुआ यह वृक्ष घर-आँगन को सुकून और समृद्धि से भर देता है। बारिश के मौसम में अमलतास पर फल आते हैं। गूदा पथरी, मधुमेह तथा दमे के लिए अचूक दवा के रूप में माना जाता है।

**कनेर :** इस वृक्ष की 3 जातियाँ होतीं हैं जिनमें क्रमशः लाल, पीले और नीले

पुष्प लगते हैं। इन पुष्पों में गंध नहीं होती। हृदय रोगों में जब कोई उपाय नहीं होता तो इसका प्रयोग किया जाता है। कनेर का मुख्य विषैला परिणाम हृदय की माँसपेशियों पर होता है। इसे अधिकतर औषधि के लिए उपयोग में लाया जाता है।

**बेला :** विवाह की समस्या दूर करने के लिए बेला के फूलों का प्रयोग किया जाता है। इसकी एक और जाति है जिसको मोगरा या मोतिया कहते हैं। बेला के फूल सफेद रंग के होते हैं। मोतिया के फूल मोती के समान गोल होते हैं।

**गेंदा :** इसे अंग्रेजी में मेरीगोल्ड कहते हैं। गेंदे की कई किस्में हैं और ये गहरे पीले, बासंती, नारंगी, कत्थई रंग के मखमली फूल होते हैं। यह इकहरी पंखुड़ियों वाला भी होता है और सैकड़ों पंखुड़ियों वाला यानी हजारा भी।

इन फूलों से माला बनाई जाती है। आप इसकी सुगंध से भी परिचित होंगे लेकिन सजावट के लिए दरवाजों और खिड़कियों पर इसको वंदनवार की तरह लगाया जाता है। पीले रंग के फूल घर में होने से मंगल कामनाएँ पूर्ण होती हैं और घर में मांगलिक कार्य होते रहते हैं।

**केवड़ा :** यूँ तो यह एक बेहतरीन खुशबू का फूल है तथा इसके इत्र की तासीर ग्रीष्म में तन को शीतलता प्रदान करती है। केवड़े के पानी से स्नान करने से शरीर की जलन व पसीने की दुर्गंध से भी छुटकारा मिलता है। गर्मियों में नित्य केवड़ायुक्त पानी से स्नान करने से शरीर में शीतलता बनी रहती है। केवड़े का उपयोग इत्र, पान मसाला, गुलदस्ते, लोशन, तम्बाकू, केश तेल, अगरबत्ती, साबुन में सुगंध के रूप में किया जाता है। केवड़े के तेल का उपयोग औषधि के रूप में सिर-दर्द और गठियावात में किया जाता है।

**गुड़हल का फूल :** गुड़हल का फूल देखने में ही सुंदर नहीं होता बल्कि यह सेहत का खजाना लिए हुए होता है। इसे हिबिसकस या जवाकुसुम भी कहते हैं। इसके सभी हिस्सों का इस्तेमाल खाने, पीने या दवाओं के काम के लिए किया जा सकता है।

गुड़हल का फूल विटामिन सी का बढ़िया स्रोत है और इससे कफ, गले की खराश, जुकाम और सीने की जकड़न में फायदा मिलता है। गुड़हल की पत्तियाँ प्राकृतिक हेयर कंडीशनर का काम देती हैं और इससे बालों की मोटाई बढ़ती है। बाल समय से पहले सफेद नहीं होते। बालों का झड़ना भी बंद होता है। सिर की त्वचा की अनेक कमियाँ इससे दूर होती हैं।

## अलौकिक गुणों वाले 10 चमत्कारी पौधे

आयुर्वेद के अलावा भारत की स्थानीय संस्कृति में कई चमत्कारिक पौधों के बारे में पढ़ने और सुनने को मिलता है। एक ऐसी जड़ी होती है जिसको खाने से उसका असर रहने तक व्यक्ति गायब रहता है। एक ऐसी जड़ी-बूटी है जिसका सेवन करने से व्यक्ति को भूत-भविष्य का ज्ञान हो जाता है। कुछ ऐसे भी पौधे हैं जिनके बल पर स्वर्ण बनाया जा सकता है। इसी तरह कहा जाता है कि धन देने वाला पौधा जिनके भी पास है, वे धनवान तो बन ही सकते हैं, इसके साथ-साथ वे कई तरह की चमत्कारिक सिद्धियाँ भी प्राप्त कर सकते हैं।

ये तो सभी जानते हैं कि पौधों में शारीरिक और मानसिक रोगों को दूर करने की क्षमता के अलावा वास्तुदोष मिटाने की क्षमता भी है इसीलिए कुछ लोग अपने मकान के बगीचे में इसी तरह के पौधे लगाते भी हैं। कई पौधे तो ऐसे हैं जिनके घर में होने से धन और समृद्धि बढ़ती है तो कई असाधारण चमत्कार से संपन्न होते हैं। आइए इसी तरह के 10 चमत्कारिक पौधों के बारे में विस्तृत जानकारी प्राप्त करते हैं।

**सोमवल्ली** : प्राचीन ग्रंथों एवं वेदों में सोमवल्ली के महत्त्व एवं उपयोगिता का व्यापक उल्लेख मिलता है। अनादिकाल से देवी-देवताओं एवं मुनियों को चिरायु बनाने और उन्हें बल प्रदान करने वाला पौधा है–सोमवल्ली। बताया जाता है कि रीवा जिले के घने जंगलों में यह पौधा आज भी पाया जाता है। इसका वानस्पतिक नाम (Sarcostemma acidum) बताया जाता है। इसकी कई तरह की प्रजातियाँ होती हैं। यह पौधा सिर्फ डंठल के आकार में लताओं के समान होता है। हरे रंग के डंठल वाले इस पौधे को सोमवल्ली लता भी कहा जाता है।

सोम की लताओं से निकले रस को सोमरस कहा जाता है। कुछ लोग सोमरस को शराब की श्रेणी में मानते हैं। किंतु वास्तव में यह एक चमत्कारी औषधि है जिसके सेवन से व्यक्ति लंबी आयु, बल, सामर्थ्य एवं समृद्धि प्राप्त कर सकता है। प्राचीन काल में देवी-देवताओं एवं ऋषि-मुनियों द्वारा इसके सेवन का उल्लेख मिलता है।

सोम की लताएँ पर्वत श्रृंखलाओं में पाई जाती हैं। राजस्थान के अर्बुद, उड़ीसा के महेन्द्र गिरि, विंध्याचल, मलय आदि अनेक पर्वतीय क्षेत्रों में इसकी लताओं के पाए जाने के जिक्र हैं। कुछ विद्वान मानते हैं कि अफगानिस्तान की पहाड़ियों पर ही सोम का पौधा पाया जाता है। यह गहरे बादामी रंग का पौधा है। ईरान में इसकी

पहचान इफेड्रा नाम के पौधे के रूप में कुछ वर्ष पहले की गई थी।

**संजीवनी बूटी :** कुछ विद्वान इसे ही 'संजीवनी बूटी' कहते हैं। सोम को न पहचान पाने की विवशता का वर्णन रामायण में मिलता है। हनुमान दो बार हिमालय पर जाते हैं, एक बार राम और लक्ष्मण दोनों की मूर्छा पर और एक बार केवल लक्ष्मण की मूर्छा पर, मगर 'सोम' की पहचान न होने पर पूरा पर्वत ही उखाड़ लाते हैं। दोनों बार लंका के वैद्य सुषेण ही असली सोम की पहचान कर पाते हैं।

**हत्था जोड़ी :** माना जाता है कि हत्था जोड़ी को अपने पास रखने से लोग आपको सम्मान देने लगते हैं। यह एक विशेष प्रकार का पौधा होता है जिसकी जड़ खोदने पर उसमें मानव भुजा जैसी दो शाखाएँ निकलती हैं इसके सिरे पर पंजा जैसा बना होता है। यह पूर्णत: मानव के हाथ के समान होता है इसीलिए इसे हत्था जोड़ी कहते हैं।

दरअसल, अंगुलियों के रूप में उस पंजे की आकृति ठीक इस तरह की होती है, जैसे कोई मुट्ठी बाँधे हो। जड़ निकलकर उसकी दोनों शाखाओं को मोड़कर परस्पर मिला देने से कर-बद्ध की स्थिति बनती है। इसके पौधे प्राय: मध्यप्रदेश के जंगलों में पाए जाते हैं।

माना जाता है कि जिसके पास यह होती है, उस पर माँ चामुण्डा की असीम कृपा स्वत: ही होने लगती है और ऐसे व्यक्ति को प्रत्येक कार्य में सफलता मिलती रहती है। यह धन-संपत्ति देने वाली बहुत ही चमत्कारी जड़ी मानी गई है। कहा जाता है कि इसे जंगल में से लाने के पूर्व इसको किसी विशेष दिन जाकर निमंत्रण दिया जाता है, तब उक्त दिन जाकर उसको लाया जाता है फिर किसी खास मंत्र द्वारा इसे सिद्ध करने के बाद ही पास में रखा जाता है। सिद्ध करने के बाद इसे लाल रंग के कपड़े में बाँधकर घर में किसी सुरक्षित स्थान पर अथवा तिजोरी में रख दिया जाता है। इससे आय में वृद्धि होती है और सभी तरह के संकटों से मुक्ति मिलती है।

**तेलिया कंद :** इसकी जड़ों से तेल का रिसाव होता रहता है इसीलिए इसे तेलिया कंद कहते हैं। माना जाता है कि यह पौधा सोने के निर्माण में महत्त्वपूर्ण भूमिका निभाता है। कहते हैं कि यह किसी विशेष निर्माण विधि से पारे को सोने में बदल देता है, लेकिन इसमें कितनी सच्चाई है यह कोई नहीं जानता। हालाँकि

माना जाता है कि इसका मुख्य गुण साँप के जहर के असर को खत्म करना है। इसकी पहचान यह है कि इसके कंद को सुई चुभो देने भर से ही वह तत्काल गलकर गिर जाता है। इसका कंद शलजम जैसा होता है। यह पौधा सर्पगंधा से मिलते-जुलते पत्ते जैसा होता है।

**श्वेत अपराजिता :** श्वेत अपराजिता का पौधा मिलना कठिन है। हालाँकि नीले रंग का आसानी से मिल जाता है। श्वेत आँकड़ा और लक्ष्मणा का पौधा भी श्वेत अपराजिता के पौधे की तरह धनलक्ष्मी को आकर्षित करने में सक्षम है। इसके सफेद या नीले रंग के फूल होते हैं। अक्सर सुंदरता के लिए इसके पौधे को बगीचों में लगाया जाता है। इसमें बरसात के सीजन में फलियाँ और फूल लगते हैं।

संस्कृत में इसे आस्फोता, विष्णुकांता, विष्णुप्रिया, गिरीकर्णी, अश्वखुरा कहते हैं जबकि हिंदी में कोयल और अपराजिता। बंगाली में भी अपराजिता, मराठी में गोकर्णी, काजली, काली पग्ली, सुपली आदि कहा जाता है। गुजराती में चोली गरणी, काली गरणी कहा जाता है। तेलुगु में नीलंगटुना डिटेन और अंग्रेजी में मेजरीन कहा जाता है।

दोनों प्रकार की कोयल (अपराजिता), चरपरी (तीखी), बृद्धि बढ़ाने वाली, कंठ (गले) को शुद्ध करने वाली, आँखों के लिए उपयोगी होती है। यह बुद्धि या दिमाग और स्मरण शक्ति को बढ़ाने वाली है तथा सफेद दाग (कोढ़), मूत्रदोष (पेशाब की बीमारी), आँवयुक्त दस्त, सूजन तथा जहर को दूर करने वाली है।

**पलाश :** पलाश के फूल को टेसू का फूल कहा जाता है। इसे ढाक भी कहा जाता है। यह बसंत ऋतु में खिलता है। पलाश 3 प्रकार का होता है- एक वह जिसमें सफेद फूल उगते हैं और दूसरा वह जिसमें पीले फूल लगते हैं और तीसरा वह जिसमें लाल-नारंगी फूल लगते हैं। माना जाता है कि सफेद पलाश के फूल की एक गुटिका बनती है जिसे मुँह में रखने के बाद आदमी तब तक गायब रहता है जब तक कि गुटिका पूर्णतः गल नहीं जाए। तीनों ही तरह के पलाश के कई चमत्कारिक गुण हैं। माना जाता है कि सफेद पलाश के पत्तों से पुत्र की प्राप्ति की जा सकती है, जबकि इसके पौधे के घर में रहने से धन और समृद्धि बढ़ती है।

पलाश के पत्ते, डंगाल, फली तथा जड़ तक का बहुत ज्यादा महत्त्व है। पलाश

के पत्तों का उपयोग ग्रामीण दोने-पत्तल बनाने के लिए करते हैं जबकि इसके फूलों से होली के रंग बनाए जाते हैं। हालाँकि इसके फूलों को पीसकर चेहरे पर लगाने से चमक बढ़ती है। पलाश की फलियाँ कृमिनाशक का काम करती हैं। इसके उपयोग से बुढ़ापा भी दूर रहता है। इसके फूल के उपयोग से लू को भगाया जा सकता है, साथ ही त्वचा संबंधी रोग में भी यह लाभदायक सिद्ध हुआ है।

इसके पाँचों अंगों-तना, जड़, फल, फूल और बीज से दवाएँ बनाने की विधियाँ दी गई हैं। इसके पेड़ से गोंद भी मिलता है जिसे 'कमरकस' कहा जाता है। इससे वीर्यवान बना जा सकता है। पलाश का पुष्प पीसकर दूध में मिलाकर गर्भवती माताओं को पिलाने से बलवान संतान का जन्म होता है।

सफेद पलाश के फूल, चाँदी की गणेश प्रतिमा व चाँदी में मड़े हुए एकाक्षी नारियल को अभिमंत्रित कर तिजोरी में रखें। इससे धन-संपत्ति बढ़ती है। माना जाता है कि पलाश के पीले फूल से सोना बनाया जा सकता है। प्राचीन साहित्य में इसका उल्लेख मिलता है।

**बांदा :** बांदा, वांदा अथवा बंदाल नाम की परोपजीवी वनस्पति प्रायः सभी बड़े वृक्षों पर उग जाती है, जैसे आम, पीपल, महुआ, जामुन आदि। इसके पतले, लाल गुच्छेदार फूल और मोटे कड़े पत्ते पीपल के पत्ते के बराबर होते हैं। हालाँकि बहुत से अलग-अलग भी बांदा होते हैं, जैसे पीपल का पेड़ किसी भी दूसरे पेड़ पर उग आता है तो उसे पीपल का बांदा कहते हैं। इसी तरह नीम, जामुन आदि के बांदा भी होते हैं। तंत्रशास्त्र के अनुसार प्रत्येक पेड़ पर उगा बांदा एक विशेष फल देता है।

बांदा का धार्मिक और कई मामलों में तांत्रिक महत्त्व भी है। कहते हैं कि भरणी नक्षत्र में कुश का वांदा लाकर पूजा के स्थान पर रखने से आर्थिक परेशानियाँ दूर होतीं हैं। पुष्य नक्षत्र में इमली का वांदा लाकर दाहिने हाथ में बाँधने से कंपन के रोग में आराम मिलेगा। मघा नक्षत्र में हरसिंगार का वांदा लाकर घर में रखने से समृद्धि एवं संपन्नता में वृद्धि होती है। विशाखा नक्षत्र में महुआ का वांदा लाकर गले में धारण करने से भय समाप्त हो जाता है। डरावने सपने नहीं आते हैं। शक्ति (पुरुषत्व) में वृद्धि होती है।

**सिद्धि देने वाली जड़ी-बूटी :** गुलतुरा (दिव्यता के लिए), तापसद्रुम (भूतादि ग्रह निवारक), शल (दरिद्रता नाशक), भोजपत्र (ग्रह बाधाएँ निवारक), विष्णुकांता (शत्रु नाशक), मंगल्य (तांत्रिक क्रिया नाशक), गुल्बास (दिव्यता

प्रदानकर्त्ता), जिवक (ऐश्वर्यदायिनी), गोरोचन (वशीकरण), गुग्गल (चामंडु सिद्धि), अगस्त (पितृदोष नाशक), अपामार्ग (बाजीकरण)।

बांदा (चुम्बकीय शक्ति प्रदाता), श्वेत और काली गुंजा (भूत पिशाच नाशक), उटकटारी (राजयोग दाता), मयूर शिका (दुष्टात्मा नाशक), और काली हल्दी (तांत्रिक प्रयोग हेतु) आदि ऐसी अनेक जड़ी-बूटियाँ हैं, जो व्यक्ति के सांसारिक और आध्यात्मिक जीवन को साधने में महत्त्वपूर्ण मानी गई हैं।

**कीड़ा घास :** कीड़े जैसी दिखने के कारण उत्तराखंड के लोग इसे कीड़ा घास कहते हैं। तिब्बती भाषा में इसको 'यारसादू-गुम-बु' कहा जाता है जिसका अर्थ होता है ग्रीष्म ऋतु में घास और शीत ऋतु में जंतु। अनुसंधानकर्त्ताओं के अनुसार यर्सी गंबा हिमालयी क्षेत्र की विशेष प्रकार की घास एवं यहाँ पाए जाने वाले एक कीड़े के जीवनचक्र के अदभुत संयोग का परिणाम है।

कहते हैं कि उत्तराखंड के पिथौरागढ़ एवं चमोली जिले के 3,500 मीटर की ऊँचाई के एल्पाइन बुग्यालों में यह घास पाई जाती है। तिब्बती साहित्य के अनुसार यहाँ के चरवाहों ने देखा कि जंगलों में चरने वाले उनके पशु एक विशेष प्रकार की घास, जो कीड़े के समान दिखाई देती है, को खाकर हृष्ट-पुष्ट एवं बलवान हो जाते हैं। धीरे-धीरे यह घास एक चमत्कारी औषधि के रूप में अनेक बीमारियों के इलाज के लिए प्रयोग होने लगी।

यह नारंगी रंग की एक पतली जड़ की तरह दिखाई देती है जिसका भीतरी भाग सफेद होता है। इसका ऊपरी भाग एक स्प्रिंग की भाँति घुमावदार होता है जिस पर झुर्रियाँ होती हैं। इन झुर्रियों के कारण ही यह इल्लड़ (एक प्रकार का कीड़ा) जैसी लगती है। इन झुर्रियों की मुख्य रचना में 7-8 आकृतियाँ झुंड के रूप में मिलती हैं। इनमें बीच की रचनाएँ बड़ी एवं महत्त्वपूर्ण होती हैं।

वैज्ञानिकों के अनुसार ये झुंड वस्तुतः कार्डिसेप्स नामक फफूँद के सूखे हुए अवशेष होते हैं। उनके अनुसार इस घास में एस्पार्टिक एसिड, ग्लूटेमिक एसिड, ग्लाईसीन जैसे महत्त्वपूर्ण एमीनो एसिड तथा कैल्शियम, मैग्नीशियम, सोडियम जैसे अनेक प्रकार के तत्त्व, अनेक प्रकार के विटामिन प्रचुर मात्रा में पाए जाते हैं। इसको एकत्रित करने के लिए अप्रैल से लेकर जुलाई तक का समय उपयुक्त होता है। अगस्त के महीने से धीरे-धीरे प्राकृतिक रूप से इसका क्षय होने लगता है और शरद ऋतु के आने तक यह पूर्णतया विलुप्त हो जाती है।

यह औषधि हृदय, यकृत तथा गुर्दे संबंधी व्याधियों में उपयोगी सिद्ध हुई है। शरीर के जोड़ों में होने वाली सूजन एवं पीड़ा तथा जीर्ण रोगों जैसे अस्थमा एवं फेफड़े के रोगों में इसका प्रयोग लाभकारी होता है। इसका प्रयोग शरीर की रोग प्रतिरोधक क्षमता को बढ़ाता है। उम्र के साथ-साथ बढ़ने वाली हृदय एवं मस्तिष्क की रक्त वाहिनियों की कठोरता को भी यह कम करता है। कुल मिलाकर यह आपकी बढ़ती आयु को रोकने में सक्षम है।

**भूख-प्यास को रोके जड़ी :** वेदादि ग्रंथों के अलावा कौटिल्य के अर्थशास्त्र में जड़ी-बूटी, दूध आदि से निर्मित ऐसे आहार का विवरण है जिसके सेवन के बाद पूरे महीने भोजन की जरूरत नहीं पड़ती।

कहते हैं कि आँधीझाड़ा से अत्यधिक भूख लगने (भस्मक रोग) और अत्यधिक प्यास लगने का रोग समाप्त किया जा सकता है। अर्थात् जो लोग ज्यादा खाने के शौकीन हैं और मोटापे से ग्रस्त हैं वे इस जड़ी का उपयोग कर भूख को समाप्त कर सकते हैं।

इसे संस्कृत में अपामार्ग, हिंदी में चिरचिटा, लटजीरा और आँधीझाड़ा कहते हैं। अंग्रेजी में इसे रफ ट्री शेफ के नाम से जाना जाता है। यह पौधा 1 से 3 फुट ऊँचा होता है और भारत में सब जगह घास के साथ अन्य पौधों की तरह पैदा होता है। खेतों की बागड़ के पास, रास्तों के किनारे, झाड़ियों में इसे सरलता से पाया जा सकता है।

**ब्राह्मी :** जटामासी, शंखपुष्पी, जपा, अखरोट की तरह ब्राह्मी भी दिमाग और नेत्र के लिए बहुत ही उपयोगी है। ब्राह्मी नाम से कई तरह के टॉनिक बनते हैं। ब्राह्मी दरअसल एक जड़ी है, जो दिल और दिमाग के लिए बहुत ही उपयोगी है। यह दिमाग को शांत कर स्थिरता प्रदान करती है, साथ ही यह याददाश्त बढ़ाने में भी महत्त्वपूर्ण भूमिका निभाती है।

योग और आयुर्वेद के अनुसार ब्राह्मी से हमारे चक्र भी सक्रिय होते हैं। माना जाता है कि इससे दिमाग के बाएँ और दाएँ हेमिस्फियर संतुलित रहते हैं। ब्राह्मी में एंटी ऑक्सीडेंट तत्त्व होते हैं जिससे दिमाग की शक्ति बढ़ने लगती है।

**सेवन :** आधे चम्मच ब्राह्मी के पावडर को गरम पानी में मिला लें और स्वाद के लिए इसमें शहद मिला लें और मेडिटेशन से पहले इसे पिएँ तो लाभ होगा। इसके 7 पत्ते चबाकर खाने से भी वही लाभ मिलता है।

★★★

वृक्ष धरा के भूषण,
दूर करें प्रदूषण।

# जानलेवा रोग : वृक्ष करें उपचार

मधुमेह : समस्या और समाधान

## क्या है मधुमेह?

### आप कैसे कर सकते हैं स्वयं इसका उपचार?

**आ**ज भारत में ही नहीं बल्कि विश्व भर में मधुमेह हर खासो-आम के लिए चिंता का विषय बना हुआ है। पहले तो इस रोग के प्रभाव में 40 वर्ष से अधिक आयु के व्यक्ति ही आते थे, किंतु आजकल तो बच्चों में भी इस रोग ने अपनी जड़ें जमाना प्रारंभ कर दिया है। सर्वेक्षणों से प्राप्त आँकड़ों के अनुसार आज भारत में 2 करोड़ से भी अधिक लोग मधुमेह जैसे भयंकर रोग से ग्रस्त हैं और हर 2 मिनट में मधुमेह से पीड़ित एक व्यक्ति की मौत होती है। पिछले एक दशक में मधुमेह के रोगियों की संख्या में चिंताजनक रूप से वृद्धि हुई है। आज भी हममें से बहुत से लोग यह नहीं जानते हैं कि मधुमेह आखिर है क्या और क्या वजह है कि यह तेजी से अपने पैर फैला रहा है?

आइये जानते हैं मधुमेह के बारे में कुछ महत्त्वपूर्ण बातें। सबसे पहले तो यह जानना आवश्यक है कि मधुमेह क्या है? दरअसल रक्त में शर्करा की अधिकता को मधुमेह कहते हैं। जब हमारे शरीर में खाई जाने वाली मीठी चीजों (चीनी, मिठाई, शक्कर, गुड़ आदि) का ठीक प्रकार से पाचन नहीं हो पाता अर्थात् हमारा अग्नाशय उन चीजों से उचित मात्रा में इन्सुलिन नहीं बना पाता है, तो वह शर्करा (शुगर) तत्त्व मूत्र के साथ सीधा बाहर निकल जाता है। इसे पेशाब में शुगर का आना भी कहते हैं। मूत्र में शहद (मधु) का विसर्जन होने के

कारण ही आयुर्वेद में इस बीमारी का नाम मधुमेह रखा गया है।

मधुमेह का मुख्य कारण अत्यधिक चिंता या तनाव का होना है। इस रोग में शुरुआत में तो बहुत भूख लगती है किंतु धीरे-धीरे भूख कम होने लगती है। शरीर सूखने लगता है और कब्ज की शिकायत रहने लगती है। अधिक पेशाब आना और पेशाब में चीनी आना शुरू हो जाती है और रोगी का वजन कम हो जाता है। यदि शरीर में कहीं भी जख्म/घाव हो जाए तो वह जल्दी नहीं भरता है। इसीलिए इसे असाधारण एवं खतरनाक रोग माना जाता है।

## कारण क्या हैं?

1. इस बीमारी का मुख्य कारण खान-पान में गड़बड़ी तथा अग्नाशय ग्रंथि की क्रिया में अव्यवस्था का होना है। दूसरे शब्दों में हम कह सकते हैं कि यह बीमारी अग्नाशय रस के विसर्जित न होने तथा आमाशय में कार्बोहाइड्रेट की गड़बड़ी के कारण अग्नाशय रस (इंसुलिन) की अनियमितताओं की वजह से होती है। इसका तात्पर्य यह है कि शरीर में यदि इंसुलिन अपर्याप्त या प्रचुर मात्रा में उत्पन्न होती है तथा उसका उचित रूप में उपयोग नहीं हो पाता है तो मधुमेह की बीमारी होने की प्रबल संभावना रहती है।

2. यह बीमारी प्रायः आरामतलब लोगों में अधिक पाई जाती है, जो शारीरिक परिश्रम बिल्कुल भी नहीं करते हैं तथा गरिष्ठ भोजन जैसे मांस, अंडा, मछली, चीनी, घी आदि का अधिक सेवन करते हैं तथा इन पदार्थों को पचा नहीं पाते हैं। ऐसे लोगों को प्रायः अजीर्ण (कब्ज) का रोग बना रहता है जो आगे चलकर मधुमेह में बदल जाता है। इसीलिए इसे राजरोग भी कहा जाता है।

3. पित्ताशय का निष्क्रिय हो जाना भी मधुमेह का कारण बन जाता है। पित्ताशय खाद्य पदार्थों से प्राप्त रस धातु की चीनी की मात्रा को एक क्रम में रखता है। किंतु जब रस धातु की मात्रा बढ़ जाती है तो हृदय की धड़कन भी बढ़ जाती है जिसके कारण हृदय को कष्ट होता है। अतः पित्ताशय रक्त संचार द्वारा उतनी ही चीनी हृदय तक पहुँचा पाता है जिससे हृदय की गति में समरूपता बनी रहे। इसके अतिरिक्त जो चीनी बच जाती है उसे पित्ताशय ग्लाइकोजीन बनाकर अपने अंदर रख लेता है तथा धातु रस की चीनी कम हो जाने पर ग्लाइकोजीन को पुनः चीनी में बदलकर हृदय तक पहुँचाता है जिससे हृदय की गति संतुलित बनी रहती है।

4. औषधियों का अत्यधिक एवं बार-बार प्रयोग भी मधुमेह का कारण बन सकता है। औषधियों के बार-बार प्रयोग से पाचन क्रिया मंद पड़ जाती है जिसके

फलस्वरूप चीनी को क्षारीय बनाने वाली रासायनिक क्रिया मंद पड़ जाती है तथा रोगी में मधुमेह के लक्षण प्रकट होने लगते हैं। अधिकांशतः यह रोग मोटे या थुल-थुल लोगों में पाया जाता है, किंतु इसका यह मतलब कदापि नहीं है कि पतले लोगों को यह रोग नहीं हो सकता।

**5.** कभी-कभी वंशानुगत कारणों से भी मधुमेह का रोग हो जाता है यानि कि यदि माता-पिता मधुमेह के रोग से ग्रस्त होते हैं तो संतान में यह रोग विरासत के रूप में आ जाता है।

## भोजन कैसा होना चाहिए?

इस बीमारी को औषधियों से शीघ्र दबाया तो जा सकता है किंतु जड़ से समाप्त नहीं किया जा सकता है। अतः मधुमेह के रोगियों को अपने खान-पान तथा संयम पर विशेष ध्यान देना चाहिए। मधुमेह से पीड़ित रोगियों को सुबह के समय दूध या दूध के साथ गेहूँ का दलिया लेना चाहिए। दूध न तो गर्म होना चाहिए और न ही फ्रिज का ठंडा किया हुआ होना चाहिए। दूध में चीनी तो बिल्कुल भी नहीं डालनी चाहिए।

मधुमेह से पीड़ित व्यक्ति को गेहूँ, चना, ज्वार और जौ सबको मिलाकर बिना छाने हुए चोकर सहित आटे की रोटी खानी चाहिए। हरी सब्जियों जैसे लौकी, पालक, बथुआ, चौलाई, परवल, तोरई, करेला आदि का सेवन अधिक करना चाहिए। ये सब्जियाँ ज्यादा तली हुई या भुनी हुई नहीं होनी चाहिए तथा मिर्च मसाले का कम से कम प्रयोग करना चाहिए। जहाँ तक हो सके इन सब्जियों को उबालकर खाना चाहिए क्योंकि ऐसा करना अधिक लाभदायक होता है। सलाद में आवश्यकतानुसार गाजर, मूली, टमाटर, ककड़ी, खीरा, नींबू आदि का नियमित रूप से प्रयोग करना चाहिए।

दालों में मूँग, चना, अरहर और उड़द की दालों का ही अधिक प्रयोग करना चाहिए। दही, मट्ठा, घी व मक्खन का सेवन भी करना चाहिए, लेकिन घी का प्रयोग रोटी चुपड़ने में नहीं करना चाहिए।

फलों में संतरा, चकोतरा, अनन्नास, मकोय, जामुन, खरबूजा, पपीता, तरबूज, खट्टे सेब एवं नाशपाती या इनका रस लेना चाहिए।

## भोजन कैसा नहीं होना चाहिए?

मधुमेह से पीड़ित व्यक्ति को मैदा से बने पकवान, चोकर निकला आटा, चावल, केक, पेस्ट्री, मसाले, चटनी, अचार, कॉफी, चाय, कोको, मांस, मछली, खजूर, केला, मुनक्का, किशमिश, आलू, अंजीर, गुड़, चीनी, शलगम, चुकंदर, कुम्हेड़ा,

मीठे सेब, नाशपाती, अंगूर, आम, अमरूद आदि का सेवन बिल्कुल भी नहीं करना चाहिए।

निश्चित रूप से यह एक भयानक बीमारी है, किंतु लाइलाज बिल्कुल भी नहीं है। उपरोक्त सावधानियाँ बरतते हुए उचित उपचार द्वारा इस बीमारी से आसानी से छुटकारा पाया जा सकता है।

## क्या हैं उपचार?

**1. विजयसार :** विजयसार एक ऐसा वृक्ष है जो भारत में मध्यप्रदेश से लेकर पूरे दक्षिण भारत में पाया जाता है। इसकी लकड़ी के टुकड़े हर जड़ी-बूटी बेचने वाले व्यक्ति के पास आसानी से प्राप्त हो जाते हैं। इसकी लकड़ी का रंग हल्के लाल रंग से लेकर गहरे लाल रंग तक का होता है। इसका प्रयोग नए मधुमेह रोगियों के साथ-साथ उन रोगियों के लिए भी अत्यंत प्रभावी है जिन्हें मधुमेह रोधी दवा खाने से भी कोई लाभ नहीं होता है।

## कैसे करें प्रयोग?

बाजार से आधा किलो विजयसार की लकड़ी के ऐसे टुकड़े लाएँ जिनमें घुन ना लगा हो। लकड़ी के इन टुकड़ों को सूखे कपड़े से साफ कर लें। अगर टुकड़े बड़े हों तो उन्हें तोड़कर छोटा (गेहूँ/चने के आकार का) कर लें। फिर रात के समय मिट्टी के एक बर्तन में लकड़ी के इन टुकड़ों की 25 ग्राम मात्रा को दो कप या एक गिलास पानी में डालकर रख दें। सुबह तक पानी का रंग गहरा लाल हो जाएगा। इस पानी को छानकर आप खाली पेट पी लें। उस भीगी हुई लकड़ी को आप दोबारा उतने ही पानी में डाल दें तथा शाम को इस पानी को उबालकर छान लें। फिर ठंडा होने पर इसे पी लें।

रोग की गहनता के अनुसार आप इसकी मात्रा को कम या ज्यादा कर सकते हैं। यदि आप अंग्रेजी दवा का प्रयोग कर रहे हैं तो उसे एकदम बंद न करें, बल्कि धीरे-धीरे कम करते जाएँ। यदि आप इंसुलिन के इंजेक्शन का प्रयोग कर रहे हैं तो एक सप्ताह बाद शुगर की जाँच करवाने के बाद उसकी मात्रा 2-3 यूनिट कम कर सकते हैं।

विजयसार की लकड़ी से बने गिलास में रात में पानी भरकर रख दें तथा सुबह खाली पेट इस पानी को पिएँ। विजयसार की लकड़ी में पाये जाने वाले तत्त्व रक्त में इंसुलिन के स्राव को बढ़ाने में सहायता करते हैं। केवल आयुर्वेद ही नहीं बल्कि आधुनिक चिकित्सा विज्ञान भी मधुमेह (डायबिटीज) में विजयसार के उपयोग को बहुत लाभकारी साबित कर चुका है।

मधुमेह के प्रत्येक रोगी को 15 दिन में एक बार पेट साफ करने की दवाई जरूर लेनी चाहिए।

विजयसार मधुमेह के रोगियों के लिए अमृतरस है। यह दवा सिर्फ 12 सप्ताह में मधुमेह को ठीक कर देती है। इसका कोई साइड इफेक्ट नहीं है, अतः यह किसी को भी हानि नहीं करता है, केवल लाभ ही करता है।

**नोट :** इसके प्रयोग के पश्चात् एक सप्ताह या 15 दिन बाद मधुमेह की जाँच अवश्य करवाएँ।

**2. स्टीविया :** स्टीविया एक शाकीय पौधा है जिसे खेत में उगाया जाता है। यह एक ऐसा आयुर्वेदिक पौधा है जो मधुमेह जैसी खतरनाक बीमारी से राहत दिलाने में अहम् भूमिका निभाता है। इसके उपयोग से दिल के रोग व मोटापे में भी लाभ मिलता है।

मधुमेह के रोगी यदि मीठा खाने के तुरंत बाद स्टीविया की कुछ पत्तियों को चबा लें तो मीठा खाने से भी उन्हें कोई हानि नहीं पहुँचेगी। गन्ने से तीन सौ गुना अधिक मीठा होने के बावजूद स्टीविया का पौधा वसा (फैट) व शर्करा (शुगर) से रहित होता है तथा शुगर को कम करने के साथ-साथ इसे रोकता भी है।

खाना खाने से बीस मिनट पहले स्टीविया की पत्तियों का सेवन करने से अत्यधिक लाभ मिलता है। इसके सेवन से पैंक्रियाज से इंसुलिन आसानी से मुक्त होता है। आयुर्वेद के चिकित्सकों के अनुसार चाय की पत्ती के रूप में यदि रोजाना स्टीविया के चार पत्तों का सेवन किया जाए तो यह मधुमेह के लिए रामबाण साबित होगा।

**नोट :** इस पौधे को घर में लगाया जा सकता है तथा एक बार लगाने के बाद पाँच वर्ष तक इसका प्रयोग किया जा सकता है।

**3. मधुमेह नाशक चूर्ण :**

**सामग्री :** 100 ग्राम मेथी दाना, 100 ग्राम तेज-पत्र, 150 ग्राम जामुन की गुठली और 250 ग्राम बेल-पत्र।

**बनाने की विधि :** इन सबको धूप में अलग-अलग सुखाकर पत्थर पर पीसने के बाद मिलाकर चूर्ण बना लें।

**प्रयोग विधि :** सुबह नाश्ता करने से पहले तथा शाम को खाना खाने से एक घंटे पहले एक-एक चम्मच गर्म पानी के साथ इस चूर्ण का तीन महीने तक लगातार सेवन करने से मधुमेह (डायबिटीज) खत्म हो जाती है। इसके साथ-साथ रोजाना योग-प्राणायाम अवश्य करें।

**परहेज और सावधानियाँ :** ज्यादा फाइबर एवं कम फैट वाली चीजें, जैसे सब्जियाँ, छिलके वाली दाल खाएँ। चीनी न खाएँ, देसी गुड़ (बिना कैमीकल वाला) तथा प्राकृतिक शर्करा से युक्त फल आदि खा सकते हैं। बार-बार प्यास लगने पर नींबू निचोड़कर पानी पीने से प्यास की अधिकता शांत हो जाती है।

मधुमेह के रोगियों की दृष्टि कमजोर पड़ने लगती है। गाजर-पालक का रस मिलाकर पीने से आँखों की कमजोरी दूर होती है। सब्जियों में तोरई, लौकी, परवल, पालक, पपीता आदि का प्रयोग ज्यादा करना चाहिए। शलजम के प्रयोग से भी रक्त में स्थित शर्करा की मात्रा कम होती है। अतः स्वाद के अनुसार अलग-अलग प्रकार से शलजम का प्रयोग कर सकते हैं।

**4. करेले का रस :** करेले का कड़वा रस रोज पीने से शुगर की मात्रा कम होती है। इससे आश्चर्यजनक रूप से फायदा मिलता है। नए शोधों के अनुसार उबले हुए करेले का पानी मधुमेह को स्थायी रूप से समाप्त करने की क्षमता रखता है।

**5. मेथी दाना :** मधुमेह के उपचार में मेथी दाने को अत्यधिक लाभकारी पाया गया है। इसके सेवन से पुराने से पुराना मधुमेह का रोग भी ठीक हो जाता है। रोजाना सुबह खाली पेट दो चम्मच मेथी दाने का चूर्ण पानी के साथ निगलने से कुछ ही दिनों में चमत्कारी ढंग से मधुमेह के रोग में लाभ दिखायी पड़ने लगता है।

**अन्य उपचार :**

(i) दो चम्मच नीम का रस, चार-चम्मच केले के पत्ते का रस सुबह-शाम लेने से मधुमेह नियंत्रण में रहता है।

(ii) चार चम्मच आँवले का रस, गुड़मार की पत्ती का काढ़ा सुबह-शाम लेने से भी मधुमेह का रोग नियंत्रण में रहता है।

मधुमेह के रोगियों को औषधियों के सेवन के साथ-साथ कुशल योग-शिक्षक के मार्गदर्शन में योगाभ्यास एवं व्यायाम करना अत्यंत आवश्यक है। योग गुरु स्वामी रामदेव ने जीवन के रूपांतरण की सप्त प्राणायाम की क्रियाओं के संपूर्ण आरोग्य प्रदान करने की चर्चा करते हुए भस्त्रिका प्राणायाम के बारे में बताया है कि कपाल भाति से संपूर्ण रोग दूर होते हैं। नित्य-प्रति योगाभ्यास करने से कई रोगों से मुक्ति मिलती है।

**नोट :** इन सभी औषधियों के सेवन से पूर्व अपने चिकित्सक से परामर्श अवश्य करें।

मधुमेह से सदा के लिए छुटकारा पाने के लिए पढ़ना न भूलें हमारी किताब **"डायबिटीज को भूल जाइए"।**

★ ★ ★

# पौधे लगाएँ–व्यापार बढ़ाएँ

**का**र्यालय के नीरस वातावरण में पौधे जीवंतता की अनुभूति प्रदान करते हैं। वे वायु की गुणवत्ता में वृद्धि कर सकते हैं तथा अशुद्धियों को दूर करके आपके कार्यालय में काम की गति को बढ़ा सकते हैं। आपके व्यस्ततम दिनों में पौधे कार्य-स्थल एवं शांतिपूर्ण चिंतन के मध्य एक अनुकूल माहौल प्रदान करते हैं–

यहाँ आपके कार्यालय के वातावरण को ध्यान में रखते हुए कुछ ऐसे पौधों की सूची दी जा रही है जिन्हें आप कार्यालय की परिसीमा (Premises) में रोपित कर अपने व्यावसायिक एवं घरेलू जीवन में खुशियाँ ला सकते हैं। ध्यानपूर्वक ऐसे पौधों का चयन करें जो उपलब्ध स्थान के अनुसार आपकी आवश्यकताओं की पूर्ति करने वाले हों–

**1. जेड प्लांट (Jade Plant)** : जेड प्लांट एक गूदेदार छोटा पौधा होता है जिसमें छोटे-छोटे फूल आते हैं। इसमें पानी की बहुत कम आवश्यकता होती है।

जापानी लोक-कथाओं में 'जेड प्लांट' को 'मनी प्लांट' के नाम वर्णित किया जाता है। ऐसा माना जाता है कि जिस स्थान पर यह पौधा होता है वहाँ हमेशा आर्थिक सम्पन्नता बनी रहती है।

**2. सेंटपॉलिया (Saintpaulia) :** सेंटपॉलिया या अफ्रीकन वॉयलेट एक फूलों वाला पौधा है। क्योंकि यह बहुत कम स्थान घेरता है, अतः यह छोटी मेज पर लगाने के लिए भी उपयुक्त रहता है।

**3. शांत कुमुदिनी (Peace Lily):** शांत कुमुदिनी (Peace Lily) या स्पैथिफाइलम, अधिक स्थान घेरने वाला पौधा है जो वायु को भी स्वच्छ कर सकता है।

इसकी प्रमुख विशेषता यह है कि यह कार्यालय के मद्धिम प्रकाश में भी विकसित होता है।

**4. चीनी सदाबहार (Chinese Evergreen):** चीनी सदाबहार (Chinese Evergreen) कार्यालय में लगने वाला एक उत्तम पौधा है क्योंकि इसके रख-रखाव पर बहुत अधिक ध्यान नहीं देना पड़ता है। यह कम प्रकाश में भी फलता-फूलता है तथा वायु की विषाक्तता को दूर करता है।

**5. इंग्लिश आइवी (English Ivy):** इस पौधे को 'हेडरा हेलिक्स (Hedera helix)' भी कहा जाता है जो वायु में उत्पन्न होने वाले दोषपूर्ण विषैले कणों को अवशोषित करके बाहर निकाल देता है। यह किसी आश्रय के साथ-साथ बढ़ने वाली बेल होती है। यह पौधा ताजी हवा का प्रवाह उत्पन्न करता है।

**6. पार्लर पाम (Parlour Palm) :** पार्लर पाम या कैमेडोरिया एलीगेन्स, दरअसल एक छोटे आकार का ताड़ का पेड़ है। यह पौधा आपके कार्यालय में एक प्राकृतिक वातावरण उत्पन्न करता है। सर्दी के ठंडे दिनों में यह उष्णकटिबंधीय जलवायु की अनुभूति प्रदान करता है।

**7. स्नेक प्लांट (Snake Plant) :** स्नेक प्लांट, या सेन्सिवियरा ट्राइफेसिटा की पत्तियाँ काफी लंबाई तक बढ़ती हैं। गहरी हरी पत्तियों के बाहरी किनारे पर चमकदार पीली धारियाँ होती हैं। एक स्वस्थ स्नेक प्लांट निश्चित रूप से चित्ताकर्षक होता है।

**8. गुलबहार (Gerbera Daisy) :** फूलों से युक्त इस पौधे को गरबरा भी कहा जाता है। प्रिंटिंग प्रणाली के कुछ कार्यों में उत्सर्जित बेंजीन जैसे विषैले पदार्थों को अवशोषित कर यह वायु को शुद्ध करता है।

**9. फिलोडेंड्रोन्स (Philodendrons) :** यह पौधा ऊपर की ओर बढ़ने वाली एक प्रकार की बेल होती है जो छोटे स्थानों पर ऊँचाई का अहसास कराती है। इन पौधों के लिए बहुत अधिक रख-रखाव की जरूरत नहीं होती है।

**10. मिंग अरलिया (Ming Aralia) :** मिंग अरलिया, या पॉलीसियस फ्रूटीकोसा एक लंबा झाड़ीदार पौधा होता है। जिन कार्यालयों में कार्यस्थल पर किंचित निजता की आवश्यकता होती है, उनके लिए यह पौधा सर्वथा उपयुक्त है। इस पौधे के लिए पानी की भी बहुत कम आवश्यकता होती है।

**11. जैमियोक्यूलस जैमीफोलिया (ZZ Plant) :** इस पौधे के लिए रख-रखाव की बहुत कम आवश्यकता होती है। इसके अतिरिक्त यह जिस स्थान पर लगा होता है वहाँ पर उष्णकटिबंधीय जलवायु की अनुभूति उत्पन्न करता है।

**12. ऐलोवेरा (Aloe-Vera) :** ऐलोवेरा छोटे आकार के पौधे होते हैं जो डेस्क पर आसानी से रखे जा सकते हैं। इन पौधों में वायु से बेंजीन तथा फॉर्मलडिहाइड जैसे विषैले पदार्थों को दूर करके वायु को शुद्ध करने का गुण होता है। कटने या जलने पर पौधों के अंदर मौजूद 'जैल' का प्रयोग उपचार के लिए किया जाता है।

**13. अम्ब्रेला ट्री (Umbrella Tree) :** 'अम्ब्रेला ट्री' या 'शिफलेरा अरबोरीकोला' काफी ऊँचाई तक बड़ा हो सकता है। कार्यालय में निजता बनाए रखने के लिए यह पौधा बहुत उपयुक्त है किंतु टेबल पर रखने के लिए इसकी छोटी प्रजाति भी आती है।

**14. फिटोनिया (Fittonia) :** इस पौधे को 'नर्व प्लांट' या 'मोजेक प्लांट' भी कहा जाता है। ऑफिस के लिए यह पौधा सर्वथा उपयुक्त होता है, क्योंकि यह वास्तव में फ्लोरोसेंट प्रकाश में ही पनपता है।

**15. अजालिया (Azalea) :** यह फूलदार पौधा होता है जो बहुत ही चित्ताकर्षक होता है। इसके साथ-साथ यह वायु-प्रदूषण को भी दूर करता है। यह पौधा मुख्यतया ठंडे पर्यावरण में पनपता है, अतः इसे ठंडे स्थान पर ही रखना चाहिए।

वायु की गुणवत्ता में सुधार या चित्ताकर्षक सौंदर्य के लिए कार्यालय में लगाने हेतु पौधों की विभिन्न प्रजातियाँ उपलब्ध हैं। आज ही बल्कि इसी समय अपने कार्यालय को सुंदर एवं अनुकूल वातावरण से युक्त बनाइए।

★ ★ ★

# आध्यात्मिक वृक्षों के रोपण की विधि

पृथ्वी के उद्भव और इसके जैविक विकास की यात्रा बड़ी ही विचित्र है। हमारे वेद पुराणों में ब्रह्माण्ड की उत्पत्ति भगवान विष्णु जी ने तथा सभी जैविक प्राणियों को महाप्रभु श्री ब्रह्मा जी ने पैदा किया है। सभी जीवधारियों में वनस्पतियों को स्थिर जीवधारी के रूप में सृजित कर पूरे जीव मंडल के जीवन का मुख्य आधार बनाया है। आज के वैज्ञानिक युग में भूवैज्ञानिकों ने अनुमान लगाया है कि आज से लगभग 6 अरब वर्ष पूर्व ब्रह्माण्डीय घटना के दौरान सूर्य से टूटकर आग के गोले के रूप में अलग हुए पिंड से पृथ्वी का उदय हुआ। भौतिक तथा रासायनिक घटनाओं के द्वारा पृथ्वी के परिवर्तन और विकास का सिलसिला शुरू हो गया। सृष्टि को संचालित करने वाले घटकों में वृक्ष सम्पदा ही आधार बनी, साथ ही अध्यात्म का केंद्र-बिंदु बनकर पूरे भूमंडलीय घटनाचक्र पर नियंत्रण करती आ रही है और इसी कारण हमारे ग्रह, नक्षत्र तथा राशियाँ वृक्षों से प्रभावित होती हैं और जो वृक्ष जिस ग्रह, नक्षत्र तथा राशि को प्रभावित करता है, उसी वृक्ष को पौराणिक मान्यताओं के आधार पर उसका प्रतिनिधि वृक्ष माना गया है जिसका रोपण करने से ग्रह, नक्षत्र तथा राशि का दुष्प्रभाव ख़त्म करके संकटमोचक की भूमिका में स्थापित हो जाता है।

आध्यात्मिक महत्त्व बढ़ने से ग्रह, नक्षत्र तथा राशि-वृक्षों के रोपण के लिए तन और मन के शुद्धिकरण और रोपण की विधि को जानना अत्यंत आवश्यक है, क्योंकि आध्यात्मिक वृक्षों का रोपण करना सबसे बड़े धार्मिक अनुष्ठान के रूप में माना गया है जिसको पूरे विधि-विधान से किया जाना ही श्रेयष्कर और प्रभावशाली होता है। जिस

तरह किसी देवालय में मूर्ति की प्राण प्रतिष्ठा होती है उसी तरह दिव्य वृक्ष जैसे स्थिर सजीव को ईश प्रतिमूर्ति के समान रोपित किया जाता है और वैदिक रीति से उसमें दिव्य शक्तियों का संचार किया जाता है। दिव्य वृक्षों के साथ अपनी आस्था व श्रद्धा में प्रगाढ़ता लाना अत्यंत आवश्यक है। जिस दिन पौधे का रोपण करना हो उस दिन सूर्योदय से दोपहर तक पवित्र स्थान पर धरती पूजन किया जाये, जहाँ रोपण करना हो उस स्थान की स्वच्छता पर विशेष ध्यान देने की जरूरत होती है। स्थल चयन करते समय ध्यान रहे कि सूरज की पहली किरण रोपित पौधे पर आये या सुबह सबसे पहिले दर्शन हों। अब हम आध्यत्मिक महत्त्व वाले पेड़ों को रोपित करने की विधि को बता रहे है जो क्रमबद्ध इस प्रकार है-

**1- धरती पूजन :** "ॐ पृथ्वी! त्वया धृता लोकाः, देवि! त्वं विष्णुना धृता।

त्वं च धारय मां देवि! पवित्रं कुरु चासनम्।।"

उपरोक्त मंत्र का जाप करते हुए,

या

हाथ जोड़कर यह प्रार्थना करते हुए कि- "हे देवि! तुमने संपूर्ण लोकों को धारण किया हुआ है तथा भगवान विष्णु ने तुम्हें धारण किया हुआ है। हे देवि! आप मुझे धारण करें तथा इस स्थान को पौधारोपण हेतु पवित्र बनाएँ।"

या

"इस पृथ्वी को और मुझे बनाने वाले ईश्वर। मैं आपको प्रणाम करता हूँ और झुककर विनम्र भाव से पौधारोपण के लिए स्थान बनाने वाला हूँ। कृपया इस स्थान को यह पौधा लगाने के लिए पवित्र करें तथा इस पौधे को स्वस्थ जीवन प्रदान करें ताकि यह अनेकानेक जीवधारियों का आश्रयस्थल बने और वायुमंडल में ऑक्सीजन देते हुए मानव समुदाय को साँसें प्रदान करता रहे।"

उपरोक्त विधि से प्रार्थना करके उपयुक्त तथा पवित्र स्थान पर दिव्य वृक्ष रोपित करने के लिए मिट्टी खोदकर उचित आकार का गड्ढा बनाया जाये, बाहर निकली मिट्टी में गाय के गोबर की खाद मिश्रित कर धूप में हल्का सा सूखने के लिए छोड़ दिया जाये और फिर सात्विक मन से धूप, दीप, हल्दी, रोली, चावल, फूल और आम के पत्तों से ढका मिट्टी का कलश स्थापित करके जिसमें तुलसी के पत्तों सहित शुद्ध जल भरा हो, कन्या द्वारा धरती पूजन कराना अत्यंत शुभकारी माना जाता है।

**2- दिव्य वृक्ष रोपण :** धरती पूजन करने के बाद खोदे गये गड्ढे में कोई पीली धातु का छोटा सा टुकड़ा (वैदिक मन्त्रों से उपचारित हो तो श्रेष्ठ माना जाता है) पूर्ण श्रद्धा के साथ अर्पित करना है, विशेष ध्यान रहे कि यह अनुष्ठान हरित परिधान में ही होना चाहिये यानि कि तन-मन पूरी तरह हरे रंग में सराबोर होगा तभी अंतर्मन की डोर वृक्षदेव के साथ जुड़ेगी। अब ध्यान लगाकर दिव्य वृक्ष को प्रणाम करके दोनों हाथों में उठाकर इस वृक्ष-मन्त्र का उच्चारण करना है-

मूले ब्रह्मा तने विष्णु शाखायाम् महेश्वर:।

पत्रेषु सर्व देवा: वृक्षदेव नमोऽस्तु ते।।

इस मन्त्र का उच्चारण करते हुए वृक्ष-वन्दना करनी है और रोपण-कार्य संपन्न करके हाथ जोड़कर हरित प्रणाम करना है, पूरे मनोभाव से जलाभिषेक कर रोपित पौधे को अपना इष्टदेव स्वीकार करना है, साथ ही नित्य दर्शन तथा पेड़ बनने तक पालन-पोषण करने का संकल्प लेना है।

**3- श्रीवृक्ष कथा वाचन या श्रवण :** तरुदेव की प्रतिष्ठा होने के बाद श्रीवृक्ष कथा का वाचन और श्रवण करना चाहिये ताकि इसके आध्यात्मिक महत्त्व को जाना जा सके। कथा का वाचन या श्रवण अपने परिजनों, रिश्तेदारों, मित्रों तथा सभी सम्पर्कियों के साथ सामूहिक रूप से पूर्ण मनोयोग के साथ करना चाहिये, जिससे रोपित दिव्य पौधे के साथ आत्मीयता के सम्बन्ध स्थापित हो सकें। श्रीवृक्ष कथा का सार इस प्रकार है-

सृष्टि की रचना करने के बाद सूर्य से टूटकर आग के गोले के रूप में गिरने वाली एक ब्रह्माण्डीय घटना ने ब्रह्माजी को बड़ी चिंता में डाल दिया। तब समाधान खोजने के लिए उन्होंने भारी तपस्या की। कड़ी साधना के माध्यम से सही उपाय सूझा और उस पिंड को ठंडा कर पृथ्वी ग्रह का उदय किया तथा इस पर जीवन का अस्तित्व पैदा करने का मार्ग प्रशस्त किया। प्रकृति संचालित करने के लिए पंचभूत तैयार किये और उनको एक केंद्र में समाहित करने की योजना बनायी, एक अभिनव सृजन कर श्रीवृक्ष देव की रचना की।

ब्रह्माजी ने आदि से अंत तक का संबन्ध बनाकर पूरे जीव मंडल की साँस की डोर श्रीवृक्ष देव के साथ जोड़ी और प्रकृति के हर नियम को मानने की बाध्यता भी निर्धारित की, आदि काल से कई घटनाचक्रों के माध्यम से पेड़ों के आध्यात्मिक महत्त्व को स्थापित किया जाता रहा है। दैत्य और देवों के बीच हुए समुद्र मंथन में भी दिव्य रत्नों के रूप में कल्पवृक्ष निकाला गया जो मनोकामना पूरी करने वाला माना जाता है। वेद पुराणों में नारद संहिता, यजुर्वेद, वृक्ष पुराण, मत्स्य पुराण, भगवद्गीता प्राचीन नियम,

अग्नि पुराण, योग निघंटु, मन्त्र महोदधि, तंत्र सार, शतपथ प्रासन, रामायण, भविष्य पुराण आदि सभी धार्मिक ग्रंथों में श्रीवृक्ष देव की महिमा का वर्णन है।

चेतन और अचेतन अवस्था में केवल वृक्ष के साथ ही संबन्ध बना रहता है, इसके साथ संबन्ध बिच्छेद होते ही जीवन लीला समाप्त हो जाती है, हमारी हर साँस पेड़ से उधार ली हुई होती है। हम प्रत्येक साँस के लिए वृक्षों के ऋणी होते हैं। ये युगों-युगों से अपने धर्म को निभाते चले आ रहे हैं। हमें भी इस पूजनीय देवता का हर साँस हर पल स्मरण करना चाहिये (पूर्ण कथा के लिए अथश्री वृक्ष कथा का पाठ करें)।

**4- श्रीवृक्ष यज्ञ :** अथश्री वृक्ष कथा का पाठ वाचन या श्रवण करने के उपरांत यजमान के अंदर अपार सात्विक ऊर्जा उत्पन्न हो जाती है और पवित्र विचारों का सृजन स्वतः ही होने लगता है। वृक्ष यज्ञ ऐसे समय का सदुपयोग करने के लिए किया जाता है जिसमें वातावरण शुद्ध होकर पुनीत अनुष्टान पूर्ण करता है। वृक्ष यज्ञ से बड़ा पुण्य प्राप्त होता है जो भवसागर से पार करता है।

**5- श्रीवृक्ष चालीसा पाठ :** वृक्षारोपण अनुष्टान की अगली कड़ी में श्रीवृक्ष चालीसा का पाठ अवश्य करना चाहिये। चालीसा का पाठ करने से सांसारिक कष्टों का स्वतः ही निराकरण हो जाता है और सारी मनोकामनाएँ भी पूरी हो जाती हैं। श्रीवृक्ष चालीसा की हर चौपाई का उच्चारण ऊँचे स्वर में स्पष्ट होना चाहिये, गाया जाये तो और ही बेहतर होगा। श्रीवृक्ष चालीसा का नियमित पाठ करने से भौतिक संतापों से मुक्ति मिल जाती है।

(श्रीवृक्ष चालीसा पृष्ठ सं. 147 पर देखें)

**6- श्रीवृक्ष आरती :** श्रीवृक्ष आरती किये बिना यह धार्मिक अनुष्टान पूरा नहीं माना जाता है। आयोजन की अंतिम कड़ी में श्रीवृक्ष आरती गान आवश्यक है। श्रीवृक्ष आरती का गुणगान राजसूय यज्ञ के बराबर माना जाता है, रोजाना आरती करने से मोक्ष का रास्ता सुगम हो जाता है, इसीलिए हर रोज श्रीवृक्ष आरती करनी चाहिये।

(श्रीवृक्ष आरती पृष्ठ सं. 151 पर देखें)

इस आध्यात्मिक कार्य को पूरे विधि-विधान से किया जाये तभी सुफलकारी होता है। ग्रह-शांति के लिए ग्रह-वृक्ष, नक्षत्र ठीक करने के लिए नक्षत्र-वृक्ष तथा राशियों के दुष्प्रभावों को दूर करने तथा अपने अनुकूल बनाने के लिए राशि-वृक्ष उपरोक्त विधि से ही रोपित किये जायें तथा उनका उचित पालन-पोषण किया जाये तो अवश्य ही कल्याणकारी होगा। हर व्यक्ति को अपना जन्मदिन तो राशि-वृक्ष लगाकर ही मनाना चाहिये।

★★★

# शंका-समाधान

आज के विकसित और प्रगतिशील समाज में भी मनुष्य शंकाओं और समस्याओं से घिरा हुआ है। वृक्षारोपण के संबंध में भी कुछ लोगों के सामने भिन्न-भिन्न प्रकार की समस्याएँ हो सकतीं हैं। जैसे कि, आज के समय में बड़े-बड़े शहरों में स्थान का अभाव एक बड़ी समस्या बन गयी है। जहाँ देखो वहीं बहुमंजिली इमारतें दिखायी देतीं हैं। कुछ लोगों के पास तो इतने छोटे मकान होते हैं कि उनके पास खुद के लिए भी जगह कम पड़ जाती है, फिर पेड़ और पौधों का रोपण किस प्रकार कर सकते हैं?

जी हाँ, यह एक समस्या हो सकती है, किंतु इतनी बड़ी नहीं कि इसके लिए संपूर्ण मनुष्य-जाति के हित को नजरअंदाज कर दिया जाए। माना कि आज शहरों में आबादी घनी है किंतु घनी आबादी में भी पार्क या खुले स्थान अवश्य होते हैं। बहुमंजिली इमारतों तथा अपार्टमेंट्स आदि में भी सार्वजनिक पार्कों की व्यवस्था होती है। ऐसे ही किसी खुले स्थान पर या पार्क में आप अपनी राशि का वृक्ष लगा सकते हैं। इससे आपको दोहरा लाभ प्राप्त होगा। अपनी राशि का वृक्ष लगाने से आपको व्यक्तिगत लाभ तो होगा ही, इसके साथ-साथ पर्यावरण संरक्षण में योगदान करके आप संपूर्ण मनुष्य जाति पर बहुत बड़ा उपकार करेंगे। आप यह मत सोचिए कि वह वृक्ष आपकी परिसीमा (Premises) से बाहर है, बल्कि यह विचार कीजिए कि आपके द्वारा लगाया गया वह

वृक्ष एक लंबे समय तक अनगिनत लोगों को प्राण-वायु, छाया तथा फल (यदि फलदार वृक्ष है, तो) प्रदान करेगा। जिस प्रकार हम सचल प्राणियों का अपने सगे-संबंधियों, मित्रों तथा रिश्तेदारों के साथ आत्मीय संबंध होता है, उसी प्रकार पेड़-पौधे स्थावर (एक ही स्थान पर स्थिर रहने वाले) तो होते हैं, किंतु जीवधारी होते हैं तथा अपना रोपण करने वाले के साथ आत्मीय संबंध स्थापित करते हैं। जब भी आप अपने द्वारा रोपित वृक्ष के पास जाएँगे, तो आपको एक अनोखी आत्मीयता की अनुभूति होगी। इसके दो कारण हैं एक तो वह आपकी राशि का वृक्ष होगा, दूसरे आपके द्वारा रोपित तथा प्रकृति में आपका सहभागी होगा। उस वृक्ष के प्रति हार्दिक आत्मीयता आपको अपार सुख प्रदान करेगी।

सभी पेड़ पौधे पूरब दिशा में लगाने चाहिए। ग्रहों के बुरे प्रभाव से बचने के लिए वायव्य कोण में यानी पश्चिम और उत्तर दिशा के मध्य में भी कुछ बड़े पेड़ लगाए जा सकते हैं।

**नोट:** 'feedback@gullybaba.com' पर आप अपनी समस्याएँ अथवा शंकाएँ मेल कर सकते हैं।

आपकी शंकाओं अथवा समस्याओं का संतोषजनक एवं प्राथमिकता से समाधान करने का पूरा प्रयास किया जाएगा। फिर भी बहुत सी मेल आने के कारण विलम्ब हो सकता है, उसके लिए हम क्षमाप्रार्थी हैं।

✹ ✹ ✹

# वृक्ष चालीसा

|| ॐ ||

श्रीवृक्ष चालीसा

सृष्टि रचना के बने, तरुवर ही आधार।

जल, वायु और नभ, धरा, जीवन पालनहार।।

वृक्षदेव तुम सबके दाता।

हर प्राणी के भाग्य-विधाता।। 1।।

तरु बिन सूना हो संसारा।

न हो प्राण-वायु संचारा।। 2।।

एक वृक्ष दस पुत्र समाना।

वेद पुराणों से ये जाना।। 3।।

अपने फल ये खुद नहीं खाते।

फूल पत्तों से खूब सुहाते।। 4।।

प्राण-वायु के सृजन कर्त्ता।

कार्बन गैसों के हो हरता।। 5।।

कंद, मूल, फल सब कुछ देते।

बदले में कुछ भी नहीं लेते।। 6।।

भजें सभी भगवान स्वरूपा।

तपन बचाके रोकते धूपा।। 7।।

हर रोग के तुम उपचारी।

दुष्ट चलाते फिर भी आरी।। 8।।

पक्षियों के बनें बसेरा।

जीव बनाते अपना डेरा।। 9।।
परमार्थ का ओढ़ा चोला।
धरा उगलती आग का शोला।। 10।।
हरियाली के छत्रधारी।
नतमस्तक होते नर-नारी।। 11।।
कुदरत की हो अनोखी रचना।
बिन तरु जीवन लगे सपना।। 12।।
प्रभु के साक्षात अवतारी।
परहित करके दुनिया तारी।। 13।।
जो कोई तुम्हारे दर्शन पावे।
जन्म सफल हो कष्ट मिटावे।। 14।।
ऋषि मुनि सब तुम्हरे गुन गावें।
बल, बुद्धि, ज्ञान, मोक्ष सब पावें।। 15।।
कपड़ा, रोटी और आवासा।
जल, भू, हवा सब इनके पासा।। 16।।
प्रकृति का है खेल निराला।
नदी, सरोवर, पर्वतमाला।। 17।।
जीव-जंतु सब तुम्हें पुकारें।
कृपा करो सब होय सकारें।। 18।।
तुम ही हो सब के रखवाले।
पात-पात और डाले-डाले।। 19।।
महिमा तुम्हारी जानें ज्ञानी।
हर्षित हो रहे सब विज्ञानी।। 20।।
जब तक तुम हो तब तक हम हैं।
बिन तरु कहाँ जहां में दम है।। 21।।
सबको मिले तुम्हारी छाया।
दवा, हवा, जल रूपी माया।। 22।।
जंगल से ही होते मंगल।
रूख बिना चहुँओर अमंगल।। 23।।
वन-उपवन के बने मसीहा।
कूके कोयल बोले पपीहा।। 24।।
जीव-जगत के तुम हो स्वामी।
पेड़ सहारे ही अंतर्यामी।। 25।।
जय-जय के सच्चे अधिकारी।

जग में वृक्ष ही हैं उपकारी।। 26।।
जो करते हैं तरुवर सेवा।
संकट हरते पावें मेवा।। 27।।
शांति, समृद्धि, मोक्ष, सुख-सागर।
पेड़ बने सांसारिक गागर।। 28।।
पंचतत्त्व के तुम निर्माता।
जन्म-जन्म का इनसे नाता।। 29।।
वृक्ष-हत्या पापी जो करते।
नरक भोगते, जल्दी मरते।। 30।।
वन-वासी तरु विविध सुहाये।
सिया, राम और लखन लगाये।। 31।।
बंशी वृन्दावन गिरिधारी।
शंकर, ब्रह्मा, विष्णु पुजारी।। 32।।
कृपा सभी पर होत समाना।
राजा-रंक को एक ही माना।। 33।।
तीन लोक के तुम हो राजा।
वातावरण को बनाते ताजा।। 34।।
विज्ञान ने भी तो ये माना।
केवल तुम हो साँस कारखाना।। 35।।
प्रकृति-रूप में पूजे जाते।
शक्ति के सब धर्म निभाते।। 36।।
जो नित पाठ करें चित लाई।
दुःख-संताप निकट नहीं आई।। 37।।
वृक्षारोपण कार्य महाना।
आओ करें विश्व कल्याणा।। 38।।
आत्मीयता से जुड़े बघेला।
हरदिन उपवन लागे मेला।। 39।।
हरित ऋषि की सुन लो वाणी।
बिन तरु मिले न दाना-पानी।। 40।।
अस्तित्त्व बचाने के लिए, बस करना है एक काम।
नित तरु-रोपण करन का, मेरा धरम महान।।

★★★

'घन' हैं, तो ये 'जी' है 'वन' है,
'जीवन' नहीं, बिना 'घन' है।
'वन' मेघों से जल बरसाते,
खान-पान, फल-मेवा लाते।

# श्रीवृक्ष आरती

जय श्री वृक्ष देवा, प्रभु जय श्री वृक्ष देवा।
साँस की डोर तुम्हीं से, देते फल-मेवा।।
जय श्री वृक्ष देवा...................।

तुम हो एक धरोहर, हो जीवन-रेखा।
तीन लोक में परमार्थी, तरु सा नहीं देखा।।
जय श्री वृक्ष देवा...................।

कंद, मूल, फल, छाल तुम्हारी, होती उपयोगी।
फूल, पत्ती और लकड़ी, जीवन के भोगी।।
जय श्री वृक्ष देवा...................।

प्राण-वायु के तुम निर्माता, कहते विज्ञानी।
एक वृक्ष दस पुत्र बराबर, वेदों की वाणी।।
जय श्री वृक्ष देवा...................।

सृष्टि चले तुम्हीं से, तुम हो उपकारी।
पंचतत्त्व के जनक तुम्हीं हो, हो पालनहारी।।
जय श्री वृक्ष देवा...................।

रोग-दोष अरु जन्म-मरण के, तुम हो खेवनहार।
बिन तरु इक पल जीवन जीना, होता है दुश्वार।।
जय श्री वृक्ष देवा...................।

आदि-अंत को तुम्हीं संभालो, हम हैं अज्ञानी।

कहत बघेल सभी से, ना हो पेड़ों को हानी।।

जय श्री वृक्ष देवा..................।

वृक्ष देवा की आरती, जो प्रेम सहित गावे।

दैहिक-दैविक संकट, पास नहीं आवे।।

जय श्री वृक्ष देवा, प्रभु जय श्री वृक्ष देवा।

साँस की डोर तुम्हीं से, देते फल-मेवा।।

जय श्री वृक्ष देवा..................।

# बंजर धरती करे पुकार,
# पेड़ लगाकर करो श्रृंगार।

www.ingramcontent.com/pod-product-compliance
Lightning Source LLC
LaVergne TN
LVHW022052190726
843495LV00014B/1743